本书系安徽省哲学社会科学规划青年项目(项目编号：AHSKQ2019D034)
的阶段性成果。同时，本书获淮北师范大学学术著作出版基金资助。

U0458161

# 情绪感染的内在机制：
# 情绪模仿与社会评价的整合

邓 欢 著

上海三联书店

# 摘　　要

　　情绪感染是指个体受他人情绪影响而体验到与他人相似的情绪状态。研究者已经证实了情绪感染的存在,并提出了情绪感染的各种路径,以说明情绪感染的内在机制。情绪模仿假说认为看到他人的情绪个体会自动地模仿其外在的情绪表现,经过个体自身的反馈过程在内部产生了与他人相似的情绪体验。而社会评价假说认为个体会从他人情绪中获得对周围情境相应的评价,而这一过程也可以直接在个体内部产生与他人相似的情绪状态。虽然现有关于情绪感染内在机制的理论已经意识到情绪模仿、社会评价等过程都可以是个体感染他人情绪的方式,且不同的感染方式与不同的条件有关。但少有研究同时分析多条感染路径,更没有研究探讨在哪些条件下不同路径的作用会出现不同。本研究在情绪感染内在机制的理论基础上,尝试性地整合情绪模仿、社会评价这两条路径的作用。根据情绪即社会信息模型,在不同的关系背景下个体加工他人情绪的方式有所不同,在内群体等亲和性较强的关系背景下,个体可能会更多地采用情绪模仿这一直接的方式感染他人的情绪,而在外群体等亲和性较弱的关系背景下,个体可能会更多地采用社会评价的方式感染他人的情绪。

基于上述分析,本文设计了三部分研究(共五个研究)以整合情绪模仿和社会评价在情绪感染中的作用,对应着三个主要的研究问题,情绪模仿在情绪感染中的作用如何、社会评价在情绪感染中的作用如何、情绪模仿和社会评价如何共同影响情绪感染过程,具体如下:

(1)研究一在个体完成情绪感染任务时采用面部肌肉运动技术测量个体的情绪模仿程度,发现个体看到他人快乐的情绪面孔后也体验到快乐的情绪,且在感染他人快乐时个体颧大肌活性大于皱眉肌,表现出对快乐的模仿;进一步采用经颅直流电刺激技术抑制与情绪模仿相关的初级运动皮层后,个体感染他人快乐的程度降低。

(2)研究二探讨了内外群体对情绪模仿作用的影响,发现情绪模仿只出现在对内群体情绪的感染中,在感染外群体情绪时,情绪模仿没有出现。

(3)研究三操纵了社会评价条件和非社会评价条件,发现社会评价条件下个体所感染到的快乐强于非社会评价条件;且与非社会评价条件相比,社会评价条件诱发了更大的 P3 波幅,说明社会评价的作用发生在晚期。

(4)研究四考察了内外群体对社会评价作用的影响,发现,与对内群体情绪的感染相比,感染外群体的情绪时,社会评价条件与非社会评价条件的差异更大。

(5)研究五同时考察了内外群体、情绪模仿、社会评价三者对情绪感染的影响,发现情绪模仿和社会评价均能影响个体对他人快乐的感染,且在感染内群体情绪时,高情绪模仿下所感染到的情绪强于低情绪模仿,而在感染外群体情绪时,社会评价条件下所感染到的快乐强于非社会评价条件。

本文得到以下结论:

(1) 情绪模仿是个体感染他人情绪的一种方式。

(2) 社会评价是个体感染他人情绪的一种较晚发生的方式。

(3) 情绪模仿和社会评价对情绪感染的作用会受到内外群体这一关系背景的影响,情绪模仿在个体对内群体情绪的感染中作用更突显,而社会评价在感染外群体情绪时作用更大。

**关键词:**情绪感染;情绪模仿;社会评价;内外群体

# Abstract

Emotionalcontagion refers to the process of one person's e-motion leads to another person to experience a congruent affective state. Researchers have confirmed the existence of emotional contagion, and provided multiple pathways to illustrate the mechanism of emotional contagion. Hatfield et al. emphasized the role of emotional mimicry in emotional contagion, and viewed emotional contagion as the process in which people tend to mimic others' facial, vocal, and postural expressions of emotion, thus catch their emotion as a consequence of feedback. However, from the point of Manstead et al., a person integrated the information gleaned from others' emotional expression into one's own evaluation of a situation, thus catching others' emotion. Hence, people can catch others' emotion both through the way of emotional mimicry and social appraisal. And different paths may be differently relevant to different conditions. The present study initially tried to integrate the role of both emotional mimicry and social appraisal in emotional contagion. Based on the Emotions

As Social Information model(EASI), which highlights the relative importance of different emotional processes in different conditions, we presumed to find stronger effects of emotional mimicry to emotional contagion in more friendly relationships such as in-groups, while greater impact of social appraisal in intense backgrounds such as out-groups.

Consequently, the present study designed three parts of researches(five studies) to integrate the role of emotional mimicry and social appraisal in emotional contagion, in response to three basic questions, the influence of emotional mimicry, the impact of social appraisal, and their interactions in emotional contagion.

(1) Study 1 measured the degree of emotional mimicry with the technology of electromyogram (EMG), while participants completed the task of emotional contagion, and found that others' happy faces induced more experience of happiness. During the contagion of happiness, the activity of zygomaticus major (ZM) was greater than that of corrugator supercilii(CS), indicating an overt mimicry pattern for happy expression. Moreover, emotional contagion was impaired after inhibiting the activity of left primary motor cortex(M1) which controlled emotional mimicry.

(2) Study 2 explored the influence of group membership on the role of emotional mimicry. Results showed that the co-existence of emotional mimicry and emotional contagion was only found during the contagion of in-group member's emotion, which disappeared while catching out-group member's emotion.

(3) Study 3 manipulated social appraisal and non-social appraisal, and found that individuals caught more happiness under the condition of social appraisal than that of non-social appraisal. Meanwhile, P3 amplitude in the condition of social appraisal was larger than that of non-social appraisal, implying late effect of social appraisal.

(4) Study 4 explored the influence of group membership in the role of social appraisal. It was found that though social appraisal both impacted the contagion of in-group and out-group member's emotion, it influenced the contagion of out-group member's emotion to a greater degree.

(5) Study5 simultaneously investigated the role of group membership, emotional mimicry, and social appraisal on emotional contagion. It was found that both emotional mimicry and social appraisal could be the paths of emotional contagion. Moreover, during the contagion of in-group member's emotion, individuals caught more emotion under the condition of high emotional mimicry than that of low emotional mimicry. And during the contagion of out-group member's emotion, individuals caught more happiness under the condition of social appraisal than that of non-social appraisal.

Main conclusions would be drawn as follows:

(1) Emotional mimicry could be one path of emotional contagion.

(2) Social appraisal couldalso be one path of emotional contagion, which occured lately.

（3） The role of emotional mimicry and social appraisal would be affected by group relationships. Emotional mimicry exerted more influence during the contagion of in-group member's emotion. While social appraisal had more impact on the contagion ofout-group member's emotion.

**Keywords**：emotional contagion，emotional mimicry，social appraisal，in-groups and out-groups

# 目　　录

# 引　言

在航班延误时，天津的几位大妈们主动引吭高歌，这一良好的情绪状态有效地缓解了大家的焦虑与抱怨。从这个例子中我们可以看出，情绪是会相互影响的，个体的情绪会影响他人，甚至会影响整个群体。好情绪得以感染则大家都愉快，而若坏情绪得以感染，则可能会激发一些负性的群体事件。Le Bon(1895)在《乌合之众》(The Crowd：A Study of the Popular Mind)一书中描述了群体的这一特征，认为群体是极易受暗示和传染的。群体中的某种观念经过相互传染的过程，会很快地进入所有人的头脑。与观念的传染一样，群体情绪的一致倾向也会立刻变成既定事实。

当然，群体情绪的感染还是以个体情绪的感染为基础的，因此仍需探讨个体间情绪是如何感染的，情绪的感染会受到哪些因素的影响，进而有效地利用和控制情绪感染的过程。目前不同的研究者对情绪感染内部过程有不同的看法。情绪模仿说认为，看到他人情绪，个体会在情绪表现上匹配他人的情绪，进而通过内部反馈过程体验到跟他人相似的情绪；而社会评价说认为，个体并不是模仿他人的情绪，而是从他人情绪中获取当前情境的信息，形成与他人相似的评价，而这进一步诱发了个体内部相似的情绪体验。

情绪感染的不同假说都得到了相应的实证支持，矛盾也日益明显。因而仍需深入探讨情绪感染的内在机制，理清不同假说的适用条件。

　　情绪感染是一种基本的情绪发生过程，但它又是在人与人之间发生的情绪传递，因此必然会受到个体间社会关系及情境的影响。不同社会关系背景下，个体感染他人情绪的方式是否有不同之处？个体是否会更多地采用情绪模仿的方式感染内群体成员的情绪，而更多地借助社会评价的方式来感染外群体成员的情绪？因此，内外群体貌似可以缓解目前情绪感染两种假说间的矛盾，不同的情绪感染方式应该会有其自身更适合的关系背景。基于以上对情绪感染意义的探讨及其内在过程的思考，本文旨在深入研究情绪感染的内在机制，并认为不同条件下个体感染他人情绪的主要方式有所不同。本文首先基于已有研究，梳理了情绪的基本概念，引出情绪感染的基本过程，并着重从理论层面探讨了情绪感染的内在机制。之后设计了一系列的实证研究，层层递进，以探讨内外群体对情绪感染内在机制的影响。

# 第1章 文献综述

## 1 情 绪

什么是情绪？情绪研究的历史是怎么样的？情绪有何特征？对个体有何意义？这些对情绪的基本疑问引起了许多研究者的不断思考与实证。从古希腊时期开始，哲学家们就对情绪是什么进行了思辨，在心理学脱离哲学之后，情绪的研究更是得到众多理论家和实践家的关注，情绪的研究由此得到了许多不同取向的发展。虽然研究者们对情绪的定义及本质仍存在不一致的看法，但正是这些百家争鸣的观点促进了情绪研究的发展，不管是将情绪作为一种个体内部的心理过程，还是将其视作社会文化的产物，这些都为个体认识情绪提供了重要信息。本文在简要回顾情绪研究的历史后，汇总了各家对情绪基本概念的观点，并从进化和社会适应两方面说明了情绪对个体的意义。此外，结合目前心理学研究的新进展，突显了认知神经科学技术对情绪研究的作用，阐述了情绪的神经网络。最后以快乐为例，介绍了快乐这一具体情绪的特征，以期通过快乐进一步认识情绪感染的内在机制。

## 1.1　情绪的概念

情绪是什么? 其实,早在古希腊时期哲学家就对"什么是情绪"进行过思辨。毕达哥拉斯(Pythagoras)是古希腊早期理念论思想的先驱,认为灵魂包括理性、智慧和情欲,不同部分的灵魂位于不同的器官中,理性和智慧在脑,而情欲在心脏。人同时拥有理性、智慧和情欲,而动物只有智慧和情欲,正因为这样,人才能用理性来调控情欲,使人不受情欲控制。与毕达哥拉斯的观点相似,柏拉图(Plato)的灵魂结构说认为灵魂包括两部分,一是纯理性部分,即理性,二是非理性部分,包括高尚的冲动(勇气、抱负)和低级的欲望(感觉、情欲)。理性是主导作用,支配和控制着情绪等非理性,这是最早的知、情、意三分法的雏形。其中,情感可分为愉快和不愉快两种,凡合乎自然方向和运动目的的就使人感到愉快;反乎自然的则感到不愉快。亚里士多德(Aristotle)反对灵魂的知、情、意三分,认为灵魂是不可分的,但其同时具有认识功能(如感觉和思维)和欲动功能(如欲望、动作、意志和情感)。其中,感觉等认识功能是灵魂的理性功能,肉体死亡后,其仍存在;而欲望等欲动功能是灵魂的非理性功能,与肉体同生死。除了讨论理性和情绪的关系之外,亚里士多德首次阐述了愤怒的产生过程,认为愤怒是他人伤害了自己或朋友而使个体想要施加报复行为的消极状态。从上述哲学家们对情绪的观点可看出,古希腊时期理性是哲学思辨的中心,多数哲学家认为情绪是冲动的、原始的、野蛮的,是会影响个体的理性判断,情绪是处于被理性控制的地位,情绪与理性就像主人与奴隶的关系一样。但正是这些时期对情绪的初步思辨才有情绪研究的哲学基础。

自从心理学从哲学中脱离出来以后,情绪的研究主要可分为黄金时期(1855 年—1899 年)、黑暗时期(1900 年—1959 年)和复兴时期(1960 年以后)(Gendron & Barrett,2009)。

Darwin、Spencer 和 James 是黄金时期的主要代表人物,这一时期的情绪研究主要关注情绪的进化意义以及情绪与认知、情绪与身体的关系。Darwin(1872)在《人类和动物的表情》一书中分析了人类和动物在不同情绪状态下的表情变化,认为人类是自然选择的产物,和其他哺乳类动物有相同的祖先。人类和动物的动作(包括面部动作和身体动作)和姿势,都是由想要寻求表现的内在心理状态引起的,亦即情绪表现。人类是由更低等的生物或某种动物进化而来的,这一观点有助于理解人类的各种表情,如在极度恐慌下人类的头发也会竖起。Darwin 进一步将情绪分为痛苦、悲哀(忧虑)、快乐(爱情、崇拜)、不快(默想)、愤怒(憎恨)、厌恶(鄙视)、惊奇和害羞。Spencer 是情绪研究黄金时期的另一位主要代表人物,他在《心理学原理》(1885)一书中指出,情绪的分类与认知的分类不存在差别,虽然两者的体验不同,情绪与认知对特定心理内容的强调也不同,但认知不能离开情绪,情绪也不能离开认知,且情绪与认知的发生机制一样,当前的情绪体验总是涉及对过去经验的心理表征。在此时期,James(1884)认为情绪是外周神经系统活动的结果,外界刺激首先引起了个体躯体的变化,而对自身内脏、器官等躯体变化的感知就是情绪。

1900 年—1959 年,由于行为主义的盛行,情绪的研究进入黑暗时期,情绪由于其内在不可测量的特征而停滞不前,行为主义更强调外显的、可测量的心理过程,认为不同的外在诱发刺激是区分不同情绪的方式,而不应该从个体内在反应的差别来确定情绪的不同。

Arnold(1960)关于情绪的"兴奋-评定"说认为个体并不是被

动地接受外界刺激，而是会主动地评价外界刺激进而产生相应的情绪体验，这是情绪认知理论的先导。情绪的认知评价理论标志着情绪研究进入复兴时期，此后情绪研究在很长一段时间里都是围绕这一内在的认知评价过程展开，不同的研究提出了不同的评价维度，甚至在此基础上提出了情绪的相应神经机制，认为不同类型的评价过程所对应的脑区不同，认知神经科学的兴起使得情绪研究从理论思辨过渡到认知神经阶段。

回顾情绪研究的历史可发现，不管是哲学思辨阶段，还是现在情绪的复兴时期，不同时期的研究者对于情绪到底是什么还存在很大争议，有些研究者强调情绪是个体内在生理活动的变化，而也有研究者认为个体对周围事件的认知和解释才是引起情绪的重要原因，甚至有研究者强调不同社会文化背景下情绪的产生不同，使得情绪与社会文化等因素联系起来。虽然研究者们已经基本认同，情绪是包含主观体验、外在表现（声音、表情、姿势等）、生理反应（心率、皮温）等心理状态在内的综合感受，同时情绪是人类社会生活中的重要心理过程。但在情绪的本质问题上，不同的研究者还存在很大的分歧。有些研究者认为不同的情绪所对应的主观体验、外在表现、生理反应等心理成分是不同的，每种情绪有其可识别和区分的特有心理成分；而有些研究者则认为，一种情绪与另一种情绪在很多心理成分上都是相同的，只是在某些特定的维度上存在差别，从而导致不同情绪的产生，如情绪都是个体基于外界事物的认知评价而产生的，只是评价的内容和结果不同导致不同情绪的产生。

针对现有情绪理论中对情绪本质问题的分歧，Gross 和 Barrett(2011)提出了情绪的 10 个基本问题，如情绪是否是特异的心理状态，并根据这 10 个问题将现有对情绪的基本看法划分为四种取向，不同取向的情绪理论对这些情绪基本问题的看法不同，由此得到具有不同特征的四种情绪取向,见表 1.1。具体来说,基本情绪取向(basic emotion approach)认为,情绪在形式、功能、形成上均与认知、知觉等其他心理过程不同,外界刺激直接引起了具有生物属性的情绪,每种情绪有其特定的形成机制(本能/神经系统),产生相应的主观体验、情绪表现、行为倾向、生理反应等,且每种情绪是构成心理的基本成分,不能再分解(Ekman & Cordaro,2011;Tracy,2014)。与基本情绪取向相同,评价取向(appraisal approach)也认为情绪在形式、功能、形成等方面与其他心理过程不同,但评价取向认为个体并不是被动地、反射性地接受外界的刺激而形成情绪,而是会对刺激进行有意义的解释,且愤怒、悲伤等不同情绪的产生机制都是一样的,都是基于个体对外界刺激的评价而形成的(Grandjean & Scherer,2008;Scherer,2009)。与前面两种情绪取向不同,心理建构取向(psychological construction approach)认为,情绪与其他心理过程在形式、功能和形成方面没有差异,所有的心理过程都是对基本成分的不断建构而成,情绪也是多种心理成分融合的结果,对心理建构取向的情绪研究者来说,确定基本成分(如效价、唤醒度、优势度等维度)及其组合就能确定相应的情绪特征(Gendron & Barrett,2009;LeDoux et al.,2014)。第四种情绪取向是社会建构取向(social construction approach),其基本观点是情绪是由社会文化因素构成的社会产物或文化表现,其心理、行为成分是与当地的社会文化共同进化而来的,受限于个体的规范和一定的社会背景,因而情绪是由社会和个人建构的,而不是自然产生的,情绪是文化的表现,而不仅仅是个体内在的心理状态(Averill,2012;Boiger & Mesquita,2012)。上述四种情绪取向是情绪研究中的不同研究视角,这些取向都强调情绪在任何心理过程中都有重要的作用,也认同情绪是包括主观体验、外在表现、生理反应等成分的综合，但这些不同的情绪取向在情绪是什么、谁具有情绪、研究情绪最好的方法、情绪的变化性、其他心理过程对情绪是否有影响以及情绪本身是否由不同的过程组成等基本问题上存在各自的观点。也就是说，不同情绪取向下，情绪的形式、功能、形成都会有所差异。

表 1.1　四种情绪理论取向的核心假设 (Gross & Barrett，2011)

| | 基本情绪取向 | 评价取向 | 心理建构取向 | 社会建构取向 |
|---|---|---|---|---|
| 1 情绪是否是独特的心理状态？ | 是 | 是 | 否 | 不同模型观点不同 |
| 2 情绪是否由特定的机制产生？ | 是(如情绪模块) | 不同模型观点不同 | 否(特定模型基本成分不同) | 否 |
| 3 每种情绪是否有特定的神经回路？ | 是 | 否 | 否 | 否 |
| 4 情绪是否有独特的外在表现(面部、声音、身体状态)？ | 是 | 不同模型观点不同 | 否 | 否 |
| 5 每种情绪是否有特定的反应倾向？ | 是 | 多数模型是 | 否 | 否 |
| 6 主观体验是否是情绪的必要特征？ | 不同模型观点不同 | 是 | 是 | 否 |
| 7 什么是普遍的？ | 情绪 | 评价 | 心理成分 | 社会背景的影响 |
| 8 差异在情绪中的重要性如何？ | 附带现象 | 不同模型观点不同 | 很重要 | 有，但不是核心 |
| 9 非人类动物是否有情绪？ | 是 | 共有一些评价过程 | 共有情绪 | 否 |
| 10 进化如何塑造情绪？ | 进化出特定的情绪 | 进化出认知评价 | 进化出基本的成分 | 进化出文化和社会结构 |

　　总体来看,不同取向的情绪理论从不同的方面描述了情绪的特征,且不同的情绪所对应的特征也有所不同。不同取向的情绪理论为我们了解情绪的本质提供了基础,情绪具有不同层面的特征,不同层面的特征都是围绕着情绪而展开。情绪有特定的自主神经系统反应,与身体变化密不可分,同时个体对周围刺激的解释也会影响情绪的产生,更重要的是,情绪并不是一成不变的,情绪的产生是与个体所处的社会文化背景密切地整合在一起,也就是说从内到外,情绪是在特定社会文化背景下产生的个体内部的状态,反映了个体对当前情境的认知情况。

　　我国学者孟昭兰(1989,2005)结合国外研究者的观点,认为:(1)情绪是多成分的复合过程,包括内在体验、外显表情和生理激活;(2)情绪具有多维量结构;(3)情绪是生理和心理多水平整合的产物。因而,"情绪是多成分组合、多维量结构、多水平整合,并为有机会生存适应和人际交往而同认知交互作用的心理活动过程和心理动机力量。"此后,傅小兰(2016)认为,这一对情绪的定义虽然涵盖广泛,融了情绪内涵的不同观点,但在一定程度上失去了情绪的核心特色。其进一步将情绪定义为"情绪是往往伴随着生理唤醒和外部表现的主观体验"。但这一关于情绪的定义忽略了认知评价在情绪中的作用,情绪的定义仍需未来深入研究和探讨。

## 1.2　情绪的功能

　　各种认知活动是个体了解外界的方式,如对颜色的知觉使得个体能看到这色彩斑斓的世界,而记忆则帮助个体借助已有的信息快速地加工当前信息,所以认知过程一直是心理学研究的重要方面。研究者在探索认知过程的同时也关注了情绪的存在,从古希腊时期便有哲学家对情绪是什么进行了长期的思辨，近期关于情绪的研究更是越来越多。那情绪对个体的意义到底何在，使得研究者这么关注情绪？这便涉及情绪的功能，包括远古时期对个体的进化意义，以及在现代社会生活中促进个体的社会适应。

### 1.2.1　情绪的进化功能

进化心理学的兴起使得研究者认识到，人类可能确实存在一套经过自然选择而存留下来的稳定的、特异的计算模块。这些计算模块主要是一些信息加工的集合，能帮助个体快速应对当前情境，从恶劣的进化环境中生存下来，以维持个体基因的延续（Buss，2015）。既然从进化的角度来看，在自然选择的作用下个体内部存在一系列计算模块来应对错综复杂的进化环境，那情绪也是个体内部的心理过程，应该也属于这计算模块中的一部分，在特定的环境刺激下激活，并引发相应的适应性反应。由此，每种情绪都是进化而来的用来应对在进化环境中反复出现的刺激类型，当某种情绪被激活时，说明与这种情绪相关的刺激出现了，刺激的特征都体现在情绪上了。也就是说，正因为进化历程中，反复出现的刺激、个体生理唤醒、行为反应等联结，使得个体内部形成了相应的情绪模块，在特定刺激出现时就会有相应的生理唤醒和行为反应，从而应对当前情境。因此，情绪促进了个体的进化过程，使得人类在进化的过程中能够快速、准确地进行反应，以保存自己的生命。忌妒可能是因为存在资源的竞争对手，个体为了维护自己所拥有的资源而产生相应的生理唤醒，为争斗提供身体准备状态；恐惧意味着当前环境存在危险，且很有可能是黑暗、蜘蛛、蛇、高空等这些极度危险的环境；厌恶表明当前的情境由于有毒物质或微生物污染而有腐败的气味；愤怒则是意味着共同生活的他人没有付出相应的行为或者他人把本属于自己的利益给剥夺了,这些他人造成自己利益受损的情形都会引发愤怒(Tooby & Cosmides,2008)。表 1.2 是 Oatley 和 Johnson－Laird(1987)提出的五种基本情绪、诱发原因和相应的行为后果。由上可知,恐惧时的逃跑、厌恶时的呕吐、愤怒时的攻击,这些都是人类在进化过程中面对复杂环境所表现出来的最好的应对方式,使人类收益最大化,这些情绪都是变化莫测的进化环境中人类的适应性反应。

表 1.2　五种基本情绪、诱发原因和行为后果(Oatley & Johnson－Laird, 1987)

| 情绪 | 诱发原因 | 行为后果 |
|------|----------|----------|
| 高兴 | 完成子目标 | 继续计划,必要时进行修改 |
| 悲伤 | 主要计划或目标失败 | 什么也不做/寻找新计划 |
| 焦虑 | 自我保护目标受到威胁 | 停止活动、警惕周围环境/逃跑 |
| 愤怒 | 目标受阻 | 更努力地尝试/攻击 |
| 厌恶 | 与味觉目标相违背 | 排斥该物体或回避 |

### 1.2.2　情绪的社会功能

当然,在人类进化过程中,情绪确实可以为个体了解复杂的环境提供信息。但当前社会环境并不如进化环境恶劣,情绪对当前环境的作用应该不再仅仅是保存生命,延续基因,更多的应该是适应社会生活,情绪在社会情境中仍有其价值。正如社会取向的情绪研究所陈述的,情绪是受到个体所处的文化和社会规范的限制,情绪与社会的关系密不可分,情绪除了在形成时期受限于社会,其更是反过来极大地促进了个体对社会的了解和适应。

情绪的功能在于帮助个体解决问题,在进化时期情绪的作用确实主要是提高个体生存和繁衍后代的可能性,如对敌人的恐惧表明他人是危险的、粗暴的,个体最好的方式是远离这些敌人。但

Fischer 和 Manstead(2008)认为，在当前社会情境下，情绪的作用更多地体现在社会适应方面，即情绪可以帮助个体与他人建立联系，并解决诸如社会排斥和权力丧失等社会问题。社会适应是一个很复杂的现象，需要平衡个体与他人的需求，既要求个体与他人建立良好的社会联系，又要保障个体能够实现自己的目标。情绪的社会功能也主要体现在这两方面：一方面，情绪能够使个体或群体与其他个体或群体保持合作、和睦的关系，这就是情绪的社会联结功能(affiliation function)；另一方面，为了保护个体自身或群体内部的利益，情绪也能使个体或群体与其他个体或群体产生距离，这就是情绪的社会距离功能(social distancing function)。不同的情绪呈现出的社会功能不同。快乐(个体想要与他人分享积极的情绪体验)、爱(个体想要与他人保持亲密的关系)、悲伤(个体想要从他人那获得支持和帮助)等情绪使得个体与他人之间的距离拉近了，个体与他人建立了良好的社会关系，情绪发挥了社会联结的功能。而愤怒(个体想要改变他人)、蔑视(个体想要排斥他人)、恐惧(个体想要远离他人)等情绪则在个体和他人间形成了障碍，发挥了社会距离的功能。当然，上述各种情绪的社会功能并不是稳定不变的，情绪的功能是联结还是保持距离，还会受到情绪所处的情境以及个体与他人之间关系的影响。快乐虽然大多时候是起到建立社会联系的功能，但当快乐是在两个群体竞争的情境下产生的，对外群体而言，在失利的情况下对方的快乐就是一种敌意，扩大了双方的距离。类似的，对外群体的愤怒是向他人表明自己的利益受损了，需要对方赔偿，这是情绪的社会距离功能，但对内群体而言，所有个体一致对外群体愤怒，维护群体内部的利益，感觉命运联系在一起，这时愤怒却又发挥着社会联结的功能。且情绪的短期功能和长期功能也可能会存在不一致，个体因为迟到看到亲密爱人的愤怒表情可能刚开始也会感觉愤怒,这种情绪破坏了两者的关系,但之后个体可能也会意识到自己的错误而向对方道歉,从长远来看,愤怒的适当表达还是促进了双方的关系。

总之,情绪对个体具有重要的意义,一方面在人类进化的过程中外界刺激与情绪之间的快速联系使得个体能够及时应对充满危机的进化环境,而保存生命。更重要的是,在现代社会生活中,情绪既可以增强双方的亲密关系,为他人提供周围环境的信息,又可以与他人保持一定的距离,从而维护自己的利益,实现自己的目标。

## 1.3　情绪的神经基础

在研究者分析情绪的生理基础时,之前的研究多考虑情绪的面部肌肉变化与自主神经系统的活动,但这些生理变化不如情绪本身的变化来得精准,且情绪的中心不仅仅在外周神经系统,大脑各结构在加工情绪信息时也发挥着重要的作用。神经科学的兴起为研究者探讨情绪的大脑区域提供了技术支持,对情绪神经基础,特别是大脑相关区域的研究是当前情绪研究的新视角。

James(1884)较早对情绪和大脑的关系作出推断,认为情绪主要是感觉和运动皮层的作用,并没有特定的大脑区域加工情绪信息。但后来的研究者否定了James的观点,认为情绪的加工需要涉及海马(hippocampus)、下丘脑(hypothalamus)、上丘脑(anterior thalamus)以及扣带回(cingulate gyrus)等区域。MacLean(1949,1952)甚至将海马、下丘脑、上丘脑、扣带回、杏仁核(amygdala,Amy)、隔核(septal nuclei)、眶额皮层(orbitofrontal cortex)、基底核(basal ganglia)等区域统称为边缘系统(limbic system),认为这些大脑区域参与了情绪的产生及其作用的发挥,是个体生存所需要的重要系统。虽然研究者在确定与情绪相关的边缘系统时并没有一个很清楚的纳入标准，但后期的研究者确实发现，海马、下丘脑、杏仁核等区域在情绪的产生及影响中起着重要的作用。

Wager等（2008）总结了人类中与完整的情绪加工过程相关的脑区，具体来说，脑干（brainstem）是情绪加工最古老的中心，其与内侧前额叶（medial prefrontal cortex，mPFC）、脑岛（insula，INS）、杏仁核等其他情绪相关的结构有双向联系，从而调节心率、脉管系统以及其他内脏器官的活动；主要由下丘脑和上丘脑构成的间脑，由于上下丘脑的功能，其主要通过调控垂体的活动而控制个体的驱动性行为，同时间脑与脑干相连，也能调控自主神经系统的活动，此外间脑在感觉加工中起着重要的作用，而这也是个体形成情绪体验所必不可少的；位于脑干和间脑下方的皮层下区域便是边缘系统，在情绪活动中经常激活，且不同的情绪产生过程所激活的边缘系统中具体的区域有所不同；旁边缘皮层（paralimbic cortex）与皮层下区域、脑干核有很多直接的联系，其主要包括眶额皮层、内侧前额叶喙部（rostral mPFC）、前脑岛和颞上叶（anterior temporal cortex），这些区域由于与边缘系统联系密切，可以接收边缘系统输出的感觉信息，引起相应的皮层感觉，同时将这些信息反馈给脑干以调节相应的自主神经系统活动。

以恐惧为例，已有研究发现，恐惧的神经加工主要涉及杏仁核、海马、前扣带回、内侧额叶皮层、眶额皮层等脑区（Yehuda&LeDoux，2007；冯攀，冯廷勇，2013），见图1.1。其中，杏仁核、前扣带回、眶额叶皮质等脑区在恐惧的形成与表达中发挥着重要的作用；恐惧记忆的编码与巩固受到海马和各相关脑区的共同影响；前扣带回、内侧前额叶皮质等相关脑区是恐惧情绪调节的高级中枢；内侧前额叶在恐惧的消退过程中发挥着重要的作用，它影响杏仁核、海马等相关脑区的活动。

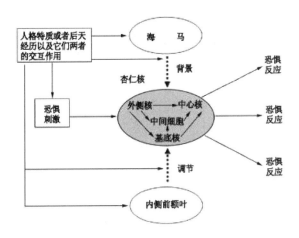

图 1.1 恐惧情绪加工的神经机制(Yehuda & LeDoux,
2007;冯攀,冯廷勇,2013)

在上述与情绪加工相关的脑区中,杏仁核由于其结构的清晰可定位以及在情绪(尤其是恐惧)形成中的重要作用,许多研究都关注了杏仁核与情绪的关系。杏仁核在加工刺激的情绪属性方面起着重要的作用,情绪刺激在经过下丘脑加工后会首先将情绪信息经过"快通道"传递给杏仁核,以优先加工情绪属性,使个体为应对可能存在危险的刺激而做好准备。同时,下丘脑的刺激信息也会传递到感觉皮层进一步加工其方位、频率、强度等信息,感觉皮层也将这些信息传递给杏仁核,形成情绪信息到杏仁核的"慢通道"(Ledoux & Phelps,2008;杜忆,吴玺宏,李量,2013),见图1.2。正因为来自"快通道"和"慢通道"的信息同时在杏仁核上的整合,个体才能判断当前刺激的情绪属性如何,威胁性如何,最后将这些信息传递给前扣带回、脑岛、眶额皮层、背外侧前额(dorsolateral prefrontal cortex)等负责工作记忆的神经网络,形成情绪的主观感受,见图1.3。杏仁核除了会形成情绪的主观感受,也会

通过与各种认知相关脑区的连接而发挥情绪对认知过程的影响。例如,杏仁核会增强海马的活动,从而使情绪性刺激记忆存储更牢

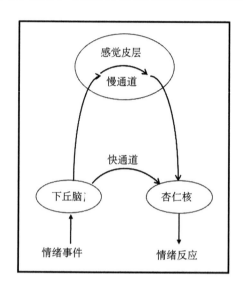

图 1.2　杏仁核加工情绪事件的"快通道"
和"慢通道"(Ledoux & Phelps,2008)

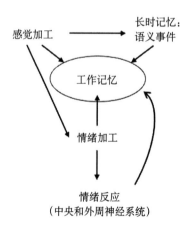

图 1.3　情绪主观感受的
形成(Ledoux & Phelps,2008)

固（Phelps，2004）。

杏仁核处理的情绪信息会增强感觉皮层的活动，表现出对情绪性刺激更多的注意。这一点体现在，与中性刺激相比，情绪性刺激会诱发更多的早期脑电成分。Olofsson 等（2008）综述了探讨情绪图片加工过程的事件相关电位研究（event-related potential，ERP），发现不同时期的脑电成分反映了情绪的不同特征。100 ms—200 ms 内的早期 ERP 成分对刺激的物理特征敏感，反映了视觉皮层内的早期感觉加工，与中性刺激相比，积极或消极的刺激会诱发更多的早期感觉加工，且早期的 ERP 成分能够区分情绪的效价，消极情绪图片会诱发更大的 P1 波幅。200 ms—300 ms 内的中期 ERP 成分则反映了由刺激的内在属性引发的对注意资源的需求，高唤醒的情绪刺激会引起更大的波幅。而 300 ms 之后的晚期 ERP 成分则反映了个体对情绪刺激自上而下的加工。

总之，杏仁核、海马、内侧前额叶等大脑结构是情绪产生以及调节的重要神经中枢，且这些脑区并不是独立地发挥作用，不同脑区之间相互联结。杏仁核处理刺激的情绪性信息后可影响脑干、感觉皮层、海马等脑区的活动，形成情绪状态下特定的自主神经反应、内在感觉、注意捕获、记忆增强等，反映出情绪的作用。同时内侧前额叶也会调控杏仁核的活性，使得个体能够根据情境有效地调节相应的情绪反应，合理地利用情绪的作用。正是因为这些相关脑区内情绪性信息的不断传递，相互整合，才构成了情绪的神经网络。

## 1.4　典型情绪：快乐

情绪的研究由来已久，虽然目前研究者对情绪的概念仍存在一些争议，但不可否认情绪确实是生理反应、外在表现、主观体验等多成分综合的心理状态,且情绪对个体的进化和社会适应都具有重要作用。不同的情绪对个体的意义更是有所不同。快乐(happiness)作为人类基本情绪的一种,是人类追求的最终目标。因此,接下来本文主要介绍快乐这种情绪的概念及相应的成分。

### 1.4.1　快乐的概念

古希腊哲学家德谟克利特曾指出,人活动的最终目的是为了追求快乐,这是受人的自然本性所决定的(苗力田,1989)。快乐是一种积极的情绪状态,哲学家 Sumner 认为快乐时人会感觉有活力,体验到轻快的心境(李小新,叶一舵,2010)。Darwin(1887)也在《人类和动物的表情》中描述了动物快乐时的表现,其快乐时会竖起耳朵、头部和尾巴。但快乐的这种轻快的感觉又与味觉、触觉等感官上的愉悦感不同。感官上的愉悦是可以随时实现的,饿时吃上美味的一餐即会感觉满足;而快乐这种情绪状态更多的是做某些事情时附带产生的,而不是刻意追求的。

快乐是人类的基本情绪之一,不同年龄阶段的人都会体验到快乐的情绪,只是对不同年龄的个体,诱发快乐的刺激会有所不同。对于4、5周的幼儿,人脸或高分贝的人类声音就可以诱发快乐的体验(Wilcox,1969),这表明快乐具有一定的社会属性,社会交往或者社会关系都可以是快乐的来源。而随着个体年龄的增长,快乐的体验更多是来源于目标的实现。当个体经过不懈努力学会一项技能时,个体会增强自信,肯定自己的能力,进而体验到快乐的感觉(Argyle,2013)。

### 1.4.2　快乐的成分

既然快乐是一种基本情绪,那快乐产生后个体是什么状态呢?

早期研究者将情绪视为一种整体,后来研究者意识到应该从不同的方面来研究情绪,情绪的多成分观应运而生。但情绪到底应该有哪些成分,目前仍存在较大争议,且不同的情绪取向突显了不同成分的作用。Frijda(1987)认为动作表情(包括面部和声音)、身体症状和主观体验是情绪的基本成分,而 Scherer(1984,2001)提出了更多的情绪成分,包括认知、神经生理、动机、动作表情、主观体验等,并突显了认知的重要作用。结合快乐的现有研究,本文将从以下几个方面分析快乐的成分。

### 1.4.2.1　快乐与自主神经系统

情绪可以唤起自主神经系统(Autonomic nervous system,ANS),主要诱发包括皮肤电系统(如皮肤电导水平)、心血管系统(如心率、血压、心率变异性)、呼吸系统(如呼吸阻力、每分通气量)和其他系统(如瞳孔直径、胃肌电等)的活动及其变化(Levenson,2014;易欣,葛列众,刘宏艳,2015)。表 1.3 是用来测量情绪自主神经反应的常见技术。Ekman 等(1983)最早通过操纵面部表情和想像任务诱发个体的快乐、愤怒、恐惧、悲伤、惊讶、厌恶等情绪体验,并记录了各种情绪状态下个体的心率、左右指温、皮肤电阻、前臂肌肉紧张度等反应,结果发现了与不同情绪相关的自主反应模式(见图 1.4),其中快乐时个体心率减慢。

**表 1.3　用来测量情绪自主神经反应的常见技术(傅小兰,2016)**

| 技术名称 | 描述 |
| --- | --- |
| 皮肤电阻 | 用非极化电极将人体皮肤上两点联接到灵敏度足够高的电表上,以此来测量皮肤电阻的变化 |
| 心率 | 通过将脉搏跳动产生的运动转换为电能,反映唤醒水平的变化 |
| 血压 | 收缩压表示动脉将血液压出心脏的压力,舒张压表示血液回流到心脏的压力 |
| 皮质醇 | 可以通过测量血液、尿液、唾液得到,是自主神经系统活动的良好指标 |

(续表)

| 技术名称 | 描述 |
|---|---|
| 肌电 | 将小电极点放置在皮肤上(通常是眼下部的肌肉),可以测量肌肉的活动。 |
| 呼吸频率 | 每分钟呼吸的次数,可以作为生理唤醒的良好测量指标 |

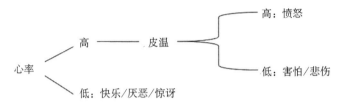

图 1.4    不同情绪的自主反应模式(Ekman,
Levenson, & Friesen, 1983)

Scherer 和 Wallbott(1994)也分析了 37 个国家的 2921 名被试对 7 种情绪(快乐、悲伤、恐惧、愤怒、厌恶、羞愧、内疚)的主观体验、生理反应和外在表现,结果发现快乐有其自身的反应模式。首先,在主观体验方面,在被试所描述的情境中,快乐持续时间都比较长,几乎都持续数小时以上,甚至数天;个体很少去控制快乐。其次,在生理反应方面,快乐时心率减慢,唤醒程度较低,但会感觉有点温暖。最后,在外在表现方面,快乐时有趋近的倾向,容易通过非语言的方式表露出来,爱说话,语速变快;且他人很容易从面部表情上识别其快乐情绪,快乐时脸颊附近的颧大肌(Zygomaticus Major)活性增强,同时眼角周围的眼轮匝肌(Orbicularis Orculi)也收缩。

许多研究者仍继续探索着情绪特异的自主神经系统反应,虽然得到了一些结果,但远不能总结出不同情绪的特定反应模式。因此,Cacioppo, Berntson, Larsen, Poehlmann & It(2000)对这些研究进行了元分析,结果发现,与其他情绪相比,快乐时心率减慢,而其他的差异并不是很稳定。

#### 1.4.2.2 快乐的动机方向

情绪(emotion)与动机(motivation)这两个词都来源于同一个拉丁语动词"movere",意思为"动(move)",二者关系密切。Bradley 等(2001)认为情绪的动机体现了情绪的适应性,不同的情绪代表了欲求动机系统(appetitive motivational system)和防御动机系统(defensive motivational system)的不同程度激活。早期研究认为,积极情绪更多地与欲求动机(趋近方向)有关,而消极情绪更多地与防御动机(回避方向)联系在一起(Bradley & Lang, 2007;邹吉林,张小聪,张环,于靓,周仁来,2011)。但 Gable 和 Harmon-Jones(2010)认为动机和效价是相互独立的,不同效价的情绪在动机的方向上也可以有强度的变化,看喜剧时的愉快就是一种低趋近的积极情绪,而想要某种东西时的渴望就是一种高趋近的积极情绪。因此,快乐作为一种积极情绪,其更多的与欲求动机系统有关,个体所体验到的快乐与表征趋近动机的左侧额叶活动水平相关(邹吉林等,2011)。

#### 1.4.3 快乐的文化差异

快乐是个体目标完成时所体验到的积极情绪,并伴随着一系列的生理变化,如心率减慢,这是不同文化下快乐所具有的共同特征,与人类的进化史息息相关。但文化的功能在于设置规范,维持社会秩序,不同文化下社会规范有所不同,快乐的体验也不同。因而,不同文化下的快乐既有共性又有差异。

社会是由不同的个体组成的,每个个体有其独特的思想和行为,因而社会呈现出多样性和复杂性。为了预防人际冲突和社会混乱,社会需要一些规范以维持社会稳定,而文化就充当了这一重要角色。文化是特定社会群体中规范的统称,其给社会中每个个体提供一套有意义的信息系统，使得个体在满足自身生存的同时规范自己的行为，以实现社会适应（Matsumoto & Juang，2016）。为了使情绪所诱发的行为在社会可接受的范围内，文化也会调控情绪。所有的文化都会调控情绪，防止其产生与社会不符的行为。但每种文化所处环境不同，拥有的资源也不同，其调控情绪的方式也会有所不同（Matsumoto，Yoo，& Chung，2010）。集体主义的文化更注重内部的和谐，因而个体更习惯隐藏自己的情绪，即使是如快乐这样的积极情绪；相反，个体主义的文化并不会特别强调个体从属于某一群体，其更会自如地表现自己的快乐（Matsumoto & Hwang，2011）。总体而言，在重视等级和集体主义的文化下个体更倾向于隐藏或者转化自己的快乐。

从上述对快乐的论述中可知，快乐是一种普遍的积极情绪，是人类追求的最终目标。这种普遍性不仅体现在快乐是人类和动物所共有的，更体现在不同文化背景下快乐的强度虽有所不同，但总体上快乐的诱因、快乐的体验是相似的。由于快乐的这种普遍性，快乐这一情绪很容易在人与人之间传递。因此，选择快乐这一基本而普遍的情绪来研究情绪感染的内在机制是合理而有意义的。

## 2 情绪感染的概述

情绪是可以通过社会网络感染起来的。"踢猫效应"描述的是一种典型的坏情绪感染过程。受到上司或者强者情绪攻击的人又会去寻找自己的出气筒。这样就会形成一条清晰的愤怒传递链条,最终的承受者,即"猫",是最弱小的群体,也是受气最多的群体。早在 1895 年,勒庞就在《乌合之众》一书中指出,"在群体中所有的情绪都可以快速地感染起来"。情绪的感染现象对我们理解情绪的本质具有重要意义。

## 2. 1　情绪感染的基本理论假设

在情绪从理性中脱离出来后,研究者一直探索着情绪是什么。不同的研究者对情绪以及情绪的产生有不同的看法,目前主要有四种取向:基本情绪取向、认知评价取向、心理建构取向和社会建构取向(Gross & Feldman Barrett,2011)。早期研究者基本将情绪和感觉一样视为个体内部的反应,最好从生理层面或者认知视角研究情绪,情绪交流也只是个体情绪的衍生物(Buck,1984)。Parkinson(1996)对情绪的"个体反应"说提出质疑,认为情绪是一种社会现象,情绪的产生、影响和功能都有其特定的人际、情境和文化背景。类似地,与其他取向只强调情绪的内部过程不同,社会建构取向将情绪视为社会文化背景下的动态过程,强调个体在与周围环境互动的过程中产生情绪,认知或生理模型只是其中的一个过程(Boiger & Mesquita,2012;Parkinson,1996)。

Boiger 和 Mesquita(2012)认为,情绪是与不断变化的社会关系网络紧密联系在一起的,是一种由社会建构的不间断的、动态的、相互作用的过程,见图 1. 5。情绪的社会建构表现为三个方面:情绪是在互动中展开的;情绪和关系的相互影响;以及更大层面的文化背景对情绪的塑造。首先,情绪是在时时互动中建构出来的。在多次互动中,他人对自己情绪的反应会保持或者改变自己的情绪反应,而这将继续影响他人的情绪。其次,在不同的关系背景下,情绪的发展轨迹也不同。与处于浪漫的关系时相比,双方关系恶化时愤怒更是一种伤害且更激烈。最后,不同的文化有不同的行为规范和行为习惯,而这会进一步影响情绪的感知、体验和表达。当然,互动、关系和文化并不是独立存在的,三者是相互作用,共同建构情绪。

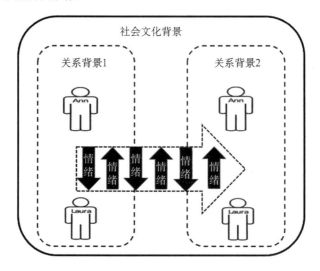

图 1.5  情绪是建构于互动、关系和文化背景中的
动态过程(Boiger & Mesquita, 2012)

因此情绪可以在人际互动中通过直接或间接的方式引起他人相似的体验,从"个体效应"过渡到"人际效应",这就是情绪感染的存在。

## 2.2  情绪感染的定义

许多研究者都发现了情绪的感染现象,并用不同的词汇来描述情绪的感染,如情绪感染(emotional contagion)(Hatfield, Cacioppo, & Rapson,1993)、情绪聚合(emotional convergence)

(Bruder，Dosmukhambetova，Nerb，& Manstead，2012)、人际情绪扩散(interpersonal emotion transfer)(Parkinson，2011)等(详见表1.4)，不同的词汇突显了情绪感染现象的不同特征。首先，在情绪感染的范围方面，有些强调了某种特定情绪的感染，如人际焦虑传播(interpersonal anxiety transfer)(Parkinson，Phiri，& Simons，2012)；有些则只关注心境而不是情绪的感染，如心境感染(mood contagion)(Neumann & Strack，2000)；也有些则统称为情感感染，并不指向特定类型的情感，如情感影响(affect influence)(Ilies，Wagner，& Morgeson，2007)。另外，在情绪感染的定义上，Hatfield 等(1993)将情绪感染的过程作为其定义，认为个体会自动地模仿他人的情绪表现，进而产生相似的体验；而其他研究者只强调体验上的感染，即情绪感染的结果，而不说明其内在过程。

表 1.4  不同研究者对情绪感染现象的定义
(Peters & Kashima，2015)

| 研究者 | 定 义 |
|---|---|
| Bartel & Saavedra(2000) | 心境聚合(mood convergence)是群体成员在完成任务时体验到相似的心境的过程 |
| Hess& Blairy(2001) | 情绪感染(emotional contagion)是指个体匹配他人情绪表现后的情绪状态 |
| Bruder，Dosmukhambetova，Nerb，& Manstead(2012) | 情绪聚合(emotional convergence)是指互动双方的情绪反应趋于一致，或者个体的情绪反应可以显著地预测他人的情绪反应 |
| Cacioppo，Fowler，& Christakis(2009) | 孤独感诱发(loneliness induction)是指个体的孤独感会造成他人的孤独感 |
| Cardon(2008) | 情绪感染(emotional contagion)是指领导将工作热情传递给员工 |
| Coviello et. al. (2014) | 情绪感染(emotional contagion)是指互动双方情绪的关联性 |

（续表）

| 研究者 | 定　义 |
|---|---|
| De Leersnyder, Mesquita & Kim(2011) | 情绪同化(emotional acculturation)描述了个体接触新的文化背景时所引起的情绪模式上的变化 |
| Escalona(1953) | 情绪感染(emotional contagion)包括情绪状态从母亲传递给孩子的过程 |
| Hatfield, Cacioppo & Rapson(1993) | 情绪感染(emotional contagion)是指个体所表现出来的情绪表现被他人知觉和理解,进而在他人中产生相应的情绪状态 |
| Ilies, Wagner&Morgeson(2007) | 情绪影响(affective influence)是造成群体成员间情绪联结的原因 |
| Kelly & Barsade(2001) | 情绪分享(emotion sharing)是个体水平的情绪经过传播和分享形成自下而上的群体水平情绪的过程 |
| Neumann & Strack(2000) | 心境感染(mood contagion)包括两个阶段,个体无意识地模仿他人的情绪表现,进而诱发了相应的心境状态 |
| Parkinson & Simons(2012) | 人际焦虑传播(interpersonal anxiety transfer)是指焦虑从一个传递给另一个人的过程 |
| Pugh(2001) | 情绪感染(emotional contagion)是指客户看到员工的情绪表现后,体验到相应的情绪变化 |
| Schoenewolf(1990) | 情绪感染(emotional contagion)是指个体与他人接触的过程中,引起了强烈的情绪唤醒,而这在他人的暗示下会进一步影响个体自身的思维、行为、心境、态度、个性等 |
| Segrin(2004) | 情绪传播(emotional transmission)是指个体可以获取与其互动的其他人的情绪状态 |
| Sy & Choi(2013) | 心境感染(mood contagion)是指群体水平心境聚合的过程 |
| von Scheve & Ismer(2013) | 集体情绪(collective emotions)是指许多个体面对特定的事件引起的情绪状态的趋同 |
| Wild, Erb, & Bartels(2001) | 情绪感染(emotional contagion)包括三个阶段,看到他人面部表情会引起个体的情绪模仿过程,面部的运动引起了面部肌肉或者神经结果的反馈过程,最后唤起了相应的情绪 |

虽然上述词汇都抓住了情绪感染现象的核心观点,即个体可以在与他人互动的过程中获取他人的情绪状态,但对其范围及机制仍界定不清,使得情绪感染现象很容易与其他情绪影响过程混淆。因此,Peters 和 Kashima(2015)从内涵和外延上重新定义了情绪感染现象,认为情绪感染(emotional contagion)是指反映个体当前情绪状态的情绪表现引起他人体验到相似情绪状态的过程。这一定义首先明确了情绪感染是至少两个人间的情绪影响过程;其次情绪感染增加了表达者和观察者情绪状态的感染,这种感染不仅体现在情绪的体验(flavor)上,也体现在情绪的指向性(intentionality)上。其中,情绪的指向性是指存在引起情绪的对象。在情绪感染的定义中确定了情绪指向性的感染,这便可将情绪感染与社会信号(social signaling)和共情(empathy)等其他相似的情绪影响过程区分开来。综上分析,本文拟采用 Peters 和 Kashima(2015)对情绪感染的定义,认为情绪感染是人与人之间发生的情绪体验和情绪指向性的感染。

## 2.3　情绪感染与其他情绪影响过程的比较

从情绪加工的结果来看,情绪感染与其他情绪影响过程存在很多相似性,均表现为情绪体验的趋同,很难区分。Peters 和 Kashima(2015)在情绪感染中定义了情绪的指向性,即可将情绪感染与联结、社会信号、共情等其他情绪影响过程区分开来,见表1.5。

联结(associate)是指他人的情绪表现可作为具有积极或消极情绪效价的条件刺激(Winkielman, Berridge, & Wilbarger, 2005)。具体来说,积极的情绪表现一般与积极的结果(如奖赏)配对出现,因此,他人积极的情绪表现会自动地引起个体积极的情绪体验;相应地,消极的情绪表现一般与消极的结果(如惩罚)配对出现,因而看到他人消极的情绪表现,个体会自动地产生消极的情绪体验。在情绪感染中,观察者和表达者的情绪都是指向同一特定对象的;而在联结过程中,个体内部的情绪体验是指向他人情绪背后隐藏的结果。

**表 1.5　情绪影响过程及其特征**(Peters & Kashima, 2015)

| 情绪影响过程 | 表达者的目标 | 观察者的目标 | 社会结果 |
|---|---|---|---|
| 情绪感染 | 特定刺激 | 特定刺激 | 表达者和观察者很可能会产生相似的与刺激有关的认知和行为倾向。由此,情绪的聚合会促进指向目标刺激的集体行为。 |
| 联结 | 观察者 | 表达者 | 观察者会倾向于靠近表达积极情绪的个体,而远离表达消极情绪的个体。 |
| 社会信号 | 观察者 | 表达者 | 积极情绪的聚合会促进维护关系的行为,而消极情绪的聚合会促进破坏关系的行为。 |
| 共情 | 特定刺激 | 表达者 | 观察者为了提供支持会倾向于靠近表达者。 |

社会信号(social signaling)是指个体会理解他人情绪所传达的信号,进而产生特定的情绪体验(Steinel, van Kleef, & Harinck, 2008)。个体会结合自己与情绪表达者的关系判断他人情绪的意义,如果个体将他人的微笑知觉为友善,可能也会以微笑回应;而如果个体从他人的消极情绪表现中感知到恶意,则个体也会体验到愤怒。在社会信号过程中,观察者理解到表达者的情绪所传达的信号,可能是示好,也可能是敌意,进而对其情绪进行反应,也就是说表达者的情绪是由观察者引起的,而观察者的情绪是由表达者引起的。但在情绪感染中,观察者和表达者的情绪都是指向同一特定对象。

共情(empathy)是指个体设身处境地理解他人的遭遇,进而体验到相应的情绪(Preston & De Waal，2002)。看到他人丧失亲人而痛哭,个体会理解他人的痛苦进而有不愉快的体验。在共情过程中,个体通过理解他人的处境而获取他人的情绪,也就是说表达者的情绪是由特定处境引起的,如失去爱人,而观察者的情绪是看到表达者处在这种情境而产生的。这一点也和情绪感染在情绪的指向上存在不同。

### 2.4　情绪感染与群体行为

情绪感染具有循环效应,即个体情绪可以影响到他人的行为、思想和情绪,这一影响过程可以在多人间交互产生,并不断增强(傅小兰,2016)。情绪感染不仅可以是情绪表达者和观察者间的直接交互作用,也可以通过间接的方式交互影响周边人,即注意到情绪表达者的第三方。由此,情绪在群体间传播开来,并进一步影响个体和群体的行为。Barsade(2002)描述了群体情绪感染的发生过程及其对个体和群体行为的影响,如图 1.6 所示。群体中个体的情绪具有一定的效价(emotional valence)和能量(emotional energy,也叫情绪强度),这两者决定了情绪感染发生的程度。与积极情绪相比,消极情绪更容易传播开来,这是因为他人会更多地注意到消极情绪。此外,同一效价的情绪,能量越大,由于其更容易获得注意,越容易发生感染。当他人注意到表达者的情绪时,情绪即通过无意识或有意识的过程发生感染,群体内成员的情绪趋于一致,并进一步对个体和群体的合作、冲突、任务表现等行为产生影响。

情绪感染对群体行为的影响分为积极情绪感染和消极情绪感染两类(傅小兰,2016)。积极情绪有助于形成团结一致的群体效

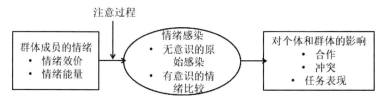

图 1.6 群体情绪感染模型（Barsade，2002）

应,如劳动竞赛通过激发个体的积极情绪,在群体之间形成积极情绪感染,促进生产效率的提高,并且能进一步增进团队合作精神。而消极情绪感染则容易诱发一些暴力行为。Barsade（2002）让被试参加无领导小组讨论（Leaderless Group Discussion,LGD）,完成管理决策任务。所有被试作为各自部门的领导需要代表部门去申请绩效奖金。他们可以选择为自己的部门获得尽可能多的奖金,也可以选择帮助委员会充分利用可用的资金使得整个公司利益最大化。在讨论后需要达成一致的意见,否则所有的部门都没有奖金。同时有一名假被试作为情绪表达者也参与讨论。在此过程中研究者运用录像、自评等多种方式测量个体和群体的情绪、态度、行为。结果表明,积极情绪的假被试团队所体验到的积极情绪显著多于消极情绪的假被试团队,也就是说群体成员间发生了情绪感染。此外,个体自我报告的情绪感染与个体和其他群体成员的合作行为显著正相关,与群体冲突显著负相关。也就是说,情绪感染显著地影响了个体的态度和群体的情绪、态度、行为,被积极情绪感染的群体促进了合作,减少了冲突,任务完成得更好。国内学者汤超颖、艾树、龚增良（2011）采用问卷调查法,通过对 57 个团队（包含 538 个团队成员）的调查,从团队层次探讨了个体的积极情绪如何作用于团队创造力。研究结果表明,在团队层次,控制了团队成员积极情绪均值后,内在动机均值不再对团队创造力有显著预测作用;而在控制了内在动机均值的情况下,积极情绪均值能显著影响团队创造力。

# 3 情绪感染的内在机制

情绪感染的内在机制旨在说明情绪感染的内在过程，个体是通过何种方式感染他人的情绪。研究者主要集中在探讨情绪模仿和社会评价这两种过程在情绪感染中的作用。也有研究者持有不同的观点，提出了其他解释情绪感染内在过程的论述。

## 3.1 情绪模仿的作用

### 3.1.1 情绪模仿的概念

早在 1993 年，Hatfield 等就指出，个体会快速地、自动地模仿他人的表情、声音、姿势等外在情绪表现，之后 Hess 等（2013）将情绪模仿（emotional mimicry）定义为对他人外在情绪表现的无意识模仿，包括表情模仿、声音模仿和姿势模仿等。进化理论认为，自动地模仿他人的行为可以让个体保留更多的能量。看到他人因为某种危险的动物而逃跑，个体没必要找到这种动物、分析情境、进而决定是否危险，只需像其他人一样快速逃跑即可躲避可能存在的威胁。自然选择使得具有自动模仿倾向的个体存活下来了。同时，匹配-动作假说也认为，对他人行为的知觉会自动地引起个体相似的行为，从而保存生命（Chartrand & Bargh，1999）。

### 3.1.2 情绪模仿与情绪感染

在生活中，我们可以发现，个体可以在极短的时间内感染另一个人的喜怒哀乐等情绪，这种感染是如此迅速以至于当事人可能都无法察觉。Hatfield，Cacioppo 和 Rapson（1993）描述了情绪的这种感染现象，并将情绪感染操作性地定义为无意识地模仿和同步他人表情、声音、姿势和动作的倾向，并最终实现情绪感染的过程。同时，Hatfield 等人（1993）构建了情绪感染的模仿-反馈机制，认为情绪感染包括模仿、反馈和感染三个阶段，见图1.7。在模仿阶段，人们会持续地、自动地模仿和同化他人的面部表情、声音、姿势和动作等；在反馈阶段，对他人面部表情、声音、姿势和动作的模仿引起了刺激和反馈，而这进一步影响着个体的主观情绪感受；在感染阶段，通过模仿与反馈，个体与他人的情绪时时同步，完成情绪感染的过程。从模仿-反馈机制可知，情绪模仿是个体感染他人情绪的一种方式，若情绪模仿发生则必然会经过反馈过程体验到与他人相似的情绪状态。因此，后文提到情绪模仿对情绪感染的作用时都是突显了情绪模仿是情绪感染的一条路径，而不仅仅是一个外在的影响变量。只是为了在实验室中更好地测量情绪模仿，才仅以面部肌肉运动作为情绪模仿的外显指标。

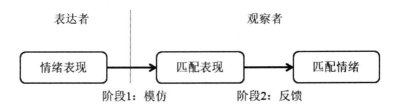

图 1.7　情绪感染的模仿—反馈机制（Hatfield, et al., 1993）

情绪感染的模仿-反馈机制界定了情绪感染的研究范围，突出了情绪模仿在情绪感染中的作用，为相关的实证研究提供了清晰的思路和理论支撑，极大地促进了情绪感染的研究，得到了众多研究者的关注与认同。

### 3.1.3　相关研究

情绪感染的模仿-反馈机制突出了情绪模仿在情绪感染中的作用。目前,许多研究都表明了情绪模仿的存在,并证实了其对情绪感染的影响。

情绪模仿很可能是一种与生俱来的现象,婴儿(1 个月、3 个月、6 个月、9 个月)在听到其他婴儿的哭声时,也会开始哭泣,甚至还会伴随面部表情的变化(Geangu, Benga, Stahl, & Striano,2010)。Dimberg 等人较早使用面部肌电反应(Electromyography,EMG)技术探讨情绪模仿的存在,结果发现,在不同情绪刺激下,个体会表现出不同模式的面部肌肉运动,快乐面孔下颧大肌的活动会增强,而愤怒面孔下皱眉肌的活动会增强(Dimberg,1982),即使只是无意识地观察情绪面孔,这种面部肌肉的变化模式还是存在(Dimberg, Thunberg, & Elmehed,2000)。Rueff-Lopes 等(2015)也证实了对声音的模仿的存在,研究者分析了 41 名电话中心工作人员的 967 起员工-顾客的对话,编码了 8747 个声音系列,结果发现,员工对顾客的积极、消极声音均表现出自动的模仿。此外,所记录到的情绪模仿也可显著地预测个体所体验到的情绪。Sato 等人(2013)给被试呈现从中性到快乐动态变化的表情,同时采用 EMG 技术记录被试的面部肌肉运动,之后再让被试评定所呈现情绪刺激的效价,以表征个体所体验到的情绪强度,结果发现,颧大肌的活性能显著地预测对快乐表情的效价评定。且高共情个体所记录到的情绪模仿更明显,所体验到的情绪也更强烈(Dimberg & Thunberg,2012)。

为了更直接证明情绪模仿对情绪感染的作用，排除情绪模仿仅仅是感染情绪后的副产品，研究者进行了一系列操纵情绪模仿的研究。Strack，Martin 和 Stepper(1988)让被试用牙齿或唇咬笔，从而促进或抑制与快乐情绪相关的颧大肌的运动，结果发现，用牙齿咬笔时被试认为实验中的视频趣味性更强，也就是说促进对快乐情绪的模仿，所体验到的快乐情绪也更强，且对快乐图片的识别也更快(王柳生，蔡淦，戴家隽，潘发达，张海燕，2013)。但咬笔任务下被试的笑容僵硬，且面部肌肉持续运动，与自然的情绪表情不同，为此，Dimberg 和 Söderkvist(2011)进一步使用自动面孔运动技术(the Voluntary Facial Action Technique)考察情绪模仿与情绪感染的关系。在自动面孔运动技术中，被试要快速地对情绪刺激进行反应，快乐面孔出现时皱眉或微笑，从而实现对面部肌肉的自然控制，结果也发现微笑下对快乐面孔的愉悦度评价更高，而皱眉下愉悦度更低。也有研究者通过注射肉毒毒素直接抑制皱眉肌的活动，结果发现被试在愤怒表情下的杏仁核活性减弱(Hennenlotter et al.，2009)。上述操纵情绪模仿的方法隐含的假设是，情绪面孔出现后，个体会自动地产生与之相对应的面部肌肉的运动，如果此时通过一些方法控制面部肌肉的运动使其与原先的运动相同或不同，则可促进或抑制面部肌肉的运动，从而影响个体的情绪体验。

许多研究证实了情绪模仿的存在，且通过一些方法促进或抑制情绪模仿时，个体所感染到的情绪会受到影响，从而说明了情绪模仿在情绪感染过程中的重要作用。

### 3.1.4 情绪模仿的神经机制

情绪模仿是对他人情绪表现的无意识复制，因此镜像神经系统(mirror neuron system，MNS)必然在其中起着重要作用，实现观察者与表达者间情绪表现的匹配。di Pellegrino 等(1992)首次在恒河猴身上发现了镜像神经元，它不仅在猴子完成动作时放电，在观察其他猴子完成该动作时也会放电。同时，研究者也逐渐了解到人类的镜像系统，包括额下回(inferior frontal gyrus，IFG)、顶下小叶(inferior parietal lobule，IPL)和颞上沟(superior/middle temporal sulcus/gyrus，STS/MTG)等区域，具体来说，STS/MTG 将输入的知觉信息编码后传递到描述动作信息的 IPL 处，再传递到 IFG 处领会动作目的，之后临近的运动前区皮层完成动作匹配，实现了概念图式到行为图式的对应(Rizzolatti & Craighero，2004；胡晓晴，傅根跃，施臻彦，2009)。

Bastiaansen，Thioux & Keysers(2009)综述了与情绪相关的镜像神经系统，认为，个体为了理解他人的情绪表现，会在运动皮层(motor cortex)表征所观察到的肌肉运动，进而在感觉皮层(somatosensory cortices)体验到肌肉运动所带来的感受，最后由情绪表征系统加工由感觉运动皮层传入的情绪信息。其中，运动皮层是情绪模仿的输出中心，调节外显的情绪模仿；而感觉皮层是情绪模仿的输入中心，为情绪表征提供反馈信息。Korb 等(2015)采用重复经颅磁刺激(repetitive transcranial magnetic stimulation，rTMS)抑制与情绪模仿相关的初级运动皮层(primary motor cortex，M1)以及对照区域顶点(vertex，VTX，枕骨与鼻尖的中点)的活性，并记录被试在观看情绪图片时的面部肌肉运动，结果发现与 VTX 被抑制的被试相比，M1 被抑制的被试在看到快乐图片后颧大肌活性减弱，说明 M1 在情绪模仿中发挥了重要的作用。这一发现验证了 Schilbach 等(2008)的研究，即情绪模仿发生时会伴随着初级运动皮层活性的增强。

　　然而，随着研究的深入，研究者发现虽然经典镜像神经系统在情绪模仿中发挥着重要作用，但仅靠镜像神经系统无法充分解释其机制，也就是说情绪模仿除了涉及镜像神经系统，应该还有其他神经系统的参与，如情绪系统、运动系统、社会认知相关脑区。Prochazkova 等认为动作模仿仅能让观察者获得情绪效价的信息，只有再通过对自主神经信号的模仿获取情绪唤醒度的信息，才能使观察者完成最终的情绪模仿。基于此，Prochazkova 和 Kret (2017) 提出了情绪感染的神经认知模型（Neurocognitive Model of Emotional Contagion，NMEC），以解释动作模仿（motor mimicry）和自主模仿（autonomic mimicry）如何引起情绪感染。

　　动作模仿由肌肉无意识或有意识地控制，包括面部表情、身体姿势、声音特征、说话姿势、笑声等动作的模仿。而自主模仿受控于自主神经系统（autonomic nervous system，ANS），涉及互动双方心率、呼吸节律、瞳孔直径、荷尔蒙水平等生理指标的同步。动作模仿获得的情绪效价与自主模仿获取的情绪唤醒度，共同构成观察者对情绪内容的理解，从而完成情绪模仿。以压力情境下的情绪模仿为例，表达者同时传递出视觉信号（表情）与生理信号（心跳和呼吸节律加快、瞳孔放大）。一方面，如图 1.8a 所示，观察者接收到视觉信号后，首先激活 STS 进行早期的视觉加工，编码其中的动作信息，通过 IPL 中的镜像神经元对运动进行准确的追踪，并将信息传递至 IFG 编码动作的目标，编码完毕后，具有目标导向的动作计划被送回到 IPL 然后到达 STS，帮助观察者做出一致的行为。另一方面，如图 1.8b 所示，对于表达者而言，压力与交感神经系统（sympathetic nervous system）有关，而交感神经位于脑干附近，当下丘脑－垂体－肾上腺（hypothalamic－pituitary－adrenal，HPA）轴激活时压力就产生了。而 HPA 轴激活后，肾上

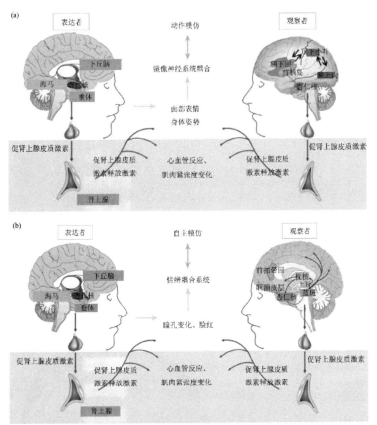

图 1.8 情绪感染的神经认知模型(a,动作模仿;b,自主模仿)
(Prochazkova,Kret，2017；徐晓惠，胡平,2019)

腺分泌的乙酰胆碱增加了肾上腺素和去甲肾上腺素的释放,这又进一步激活了心血管反应,使得心跳和呼吸频率加快,消化减慢。而交感神经又与感觉通道相联,因而,交感神经系统负责的唤醒可以引起瞳孔直径、皮肤电、无意识的面部表情等动作的变化。而观察者接受生理信号的刺激后,通过脑干-上丘-枕核视觉通路传递到杏仁核,杏仁核激活去蓝斑甲肾上腺素能系统,进一步激活HPA轴产生与表达者相类似的外周神经活动。与蓝斑相连的腹内侧下丘脑将信号传递至与运动相关脑区以促进适应性行为的产生,同时杏仁核也向前额区域(包括眶额皮层、前扣带回)传递信息,与 STS 的连接也使得情绪信息得以被快速的加工,至此情绪模仿完成(Prochazkova, Kret, 2017;徐晓惠,胡平,2019)。

此外,情绪模仿是在社会互动中进行的动态过程,会受到社交距离等社会背景的影响,因而其相关的神经机制必然涉及社会认知相关脑区。Kraaijenvanger, Hofman, Bos(2017)提出了情绪模仿的社会评价模型,见图 1.9,以完整地描述情绪模仿的动态过程。在情绪模仿的社会评价模型中,表达者所展示的代表社会情境中社会信号的视觉和社会信息通过 STS 和 IPL 进入社会评价网络。其中,STS 是人类镜像神经系统的视觉输入中心,而 IPL 主要负责知觉并解释刺激中的情绪信息。随后,这些关于社会刺激的神经输入被传送至边缘系统,包括脑岛、纹状体、前扣带回和杏仁核。这些脑区主要加工刺激的社会性和情绪性信息,并对内分泌因素

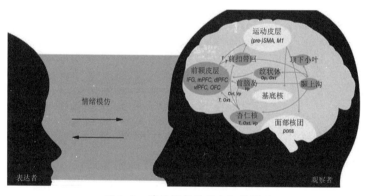

图 1.9　情绪模仿的社会评价模型

(徐晓惠,胡平,2019;Kraaijenvanger, Hofman, Bos, 2017)

(运动皮层区域包括:pre-SMA 前辅助运动皮层、M1 初级运动皮层;前额皮层区域包括:IFG 额上回、mPFC 腹内侧前额皮层、dlPFC 背外侧前额皮层、vlPFC 腹外侧前额皮层、OFC 眶额皮层)

敏感。之后,神经信息被转送至前额叶区域,包括 mPFC、眶额皮层(orbitofrontal cortex, OFC)和 IFG,并进一步到达面部区域[前

辅助运动皮层(pre－supplementary motor area，pre－SMA)和M1]，为完成动作做准备。至此，运动反馈的神经信息一方面能够直接被传递到位于脑桥的面部神经核团(锥形结构，负责自主面部运动)完成面部运动，另一方面被传输到纹状体、基底神经节(锥体外系统，负责自发的面部表情，被认为是负责调节皮层的神经活动并且产生最终的运动反应的关键区域)，最后转至面部神经核团，产生最终的面部反应，完成情绪模仿。在对社会性信息与情绪性信息进行加工的过程中，荷尔蒙和神经多肽类物质通过诱发状态性的神经活动与交流，作用在杏仁核、脑岛、纹状体以及这些区域的连接中，最终影响对社会信息加工的结果，从而影响模仿。

除了探索镜像神经系统在情绪模仿中的作用，也有研究者关注情绪模仿的发生时间，以突显出情绪模仿对其他心理过程影响的先后关系。Achaibou，Pourtois，Schwartz & Vuilleumier(2008)在被试观看动态呈现的情绪面孔时记录其 EMG 和 EEG 活性，结果发现，快乐面孔下被试的颧大肌活性强于皱眉肌，而愤怒面孔下皱眉肌活性比颧大肌强，证明了情绪模仿的存在。之后根据 EMG 数据分出情绪模仿高低组，结果发现被试对情绪面孔表现出高模仿时，P1 波幅增加，N170 波幅减弱，说明情绪模仿在情绪面孔的早期加工阶段就发挥了作用，表现为对面孔的注意增加，从而更容易识别面孔。Han，Luo & Han(2016)更是进一步采用咬笔任务抑制个体对快乐的模仿，结果发现，与自由模仿组相比，情绪模仿抑制组看到情绪面孔时 N1 波幅降低，表现为对情绪面孔注意的削弱。

情绪模仿是对他人外在情绪表现的无意识复制，模仿-反馈机制强调了情绪模仿在情绪感染中的作用，认为个体会匹配他人的情绪表现，从而通过反馈体验到与他人相似的情绪体验。已有研究证实了情绪模仿的存在，且改变情绪模仿的程度时，情绪体验也发生了相应的变化。这一情绪模仿对情绪感染的重要作用更是在神经机制上得到了进一步的验证,抑制情绪模仿的相关脑区,个体对他人情绪的感染减弱。未来研究需要确定不同背景下个体对他人情绪表现的模仿的差异,以及相关的神经机制,并进一步验证不同背景下情绪模仿对情绪感染的影响。

## 3.2 社会评价的作用

### 3.2.1 社会评价的概念

情绪的认知评价取向认为认知评价是情绪产生的重要原因,个体内部会从各个层面评价当前情境,包括自我相关性、意义、应对潜能、规范性等,进而产生相应的情绪体验(Scherer,2009)。在认知评价中,个体也会评价他人,如他人的角色、他人行为的规范性等,但这些都可能是引起个体情绪的原因,如他人的行为给个体造成了伤害,进而诱发个体的愤怒。社会评价与认知评价不同,其更强调他人的情绪或评价是如何影响个体对事件本身的评价,评价的是他人对情绪情境的想法、感受和行为。也就是说,社会评价强调的是他人情绪引起个体自身关于事件评价的改变,进而影响自身情绪的强度、持续时间和表达程度(Manstead & Fischer,2001)。社会评价是对情绪对象的目标相关性和动机一致性之外的评价,在重要他人在场时更容易发生。看到或想像他人对情绪对象的反应,都可作为个体评价情绪对象的信息输入,会进一步影响个体的各种评价,包括初级评价(情境模糊时个体会根据他人的反应评价对象的相关性和动机性)、次级评价(他人在场时个体会更好地应对消极情绪或分享积极情绪)和再评价(看到他人情绪反应时原先危险的情境也变得安全了)。具体来说,初级评价决定情绪的强度和效价,而次级评价决定情绪的类别(如,是愤怒而不是恐惧)。当他人对刺激对象表现出情绪反应时,这说明该刺激也会与个体自身相关,也需要对其有情绪反应,由此,他人的情绪影响了个体的初级评价。另外,从他人积极或消极的情绪表现中个体也能获知他人如何评价自身的潜能、如何划分自己和他人的责任,相应地,个体也会对自己的能力做出一致或相反的评价,也就是说他人的情绪影响了个体的次级评价。

此外,关于社会评价(social appraisal)和社会参照(social referencing)的关系,目前有两种观点:一种认为社会参照存在于婴幼儿时期,成年后即表现为社会评价,两者是一样的;另一种则认为两者有区别,在婴幼儿时期和成年期均分别存在社会参照和社会评价的现象,两者的差别在于社会参照更强调学习者和经验者的情感交流,而社会评价强调真实的或想象的经验者的情绪对学习者评价的影响。这种影响可以通过深入的交流实现,也可以只是观察习得(Clément & Dukes,2017)。所以,社会参照只是社会评价的一种形式,社会评价的另一种形式是情绪观察(affective observation),它与社会参照过程相似,但注意的对象不同。具体而言,在社会参照中,学习者的主要注意集中在外在的刺激对象上,而经验者关注学习者和对象间的情感关系;而在情绪观察中,经验者关注刺激对象,而学习者关注经验者和对象间的关系,以此学会如何感受和评价刺激本身,见图 1.10。

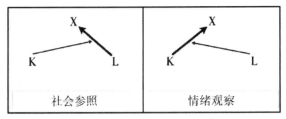

图1.10 社会评价的两种形式(Clément & Dukes,2017)

### 3.2.2  社会评价与情绪感染

Manstead 和 Fischer(2001)在提出社会评价的概念时就指出,社会评价会影响情绪的产生过程。看到或想像他人对情绪对象的反应,都可作为个体评价情绪对象的信息输入,会进一步影响个体的各种评价,包括初级评价、次级评价和再评价。因此,情绪情境中朋友的情绪反应,会引起个体的社会评价过程,进而影响个体对情境的情绪反应。也就是来说,个体会基于他人情绪所提供的评价信息来理解当前情境,从他人情绪中个体可以了解他人如何评价和解释当前情境。例如,看到他人的愤怒,个体会觉得他正在为所发生的事情责备他人。由此,个体反向思考是何种评价导致他人情绪的产生,这一过程也被称为"反向工程(reverse engineering)"。正在这种反向思维改变了个体对情绪对象的评价,而这进一步使个体的情绪趋同于他人,见图 1.11。

图 1.11  社会评价的反向工程模型(Parkinson,2020)

之后,研究者将社会评价的概念运用到情绪感染的研究中,认为情绪模仿只是情绪感染的一条路径,个体也可通过社会评价感染他人的情绪。情绪表现是有意义的信号,提供了关于周围环境的重要信息。社会评价则从意义趋动的角度解释了他人情绪的影响。具体来说,个体会从他人的情绪表现中推断他人的情绪体验及对周围环境的评价,在此基础上,个体会重新评价当前情境或者直接采纳他人的评价,形成他人情绪信息与个体评价的整合,而个体对情境的评价有所变化,所体验到的情绪也有所不同,最终个体内部诱发了与他人相似的情绪体验(Bruder,Fischer,& Manstead,2014;Parkinson,2011;Peters & Kashima,2015)。

### 3.2.3 相关研究

从社会评价的概念及其与情绪感染的关系可知,个体采用社会评价感染他人的情绪可分为两个步骤,即他人情绪引起个体对情绪对象的一致评价以及评价引起一致的情绪体验。因此,研究者也主要从上述两个步骤来检验情绪感染的社会评价路径,并进一步验证他人情绪—评价—个体情绪的路径关系。

个体对事物的评价会受到他人情绪的影响。Bayliss 等(2007)发现,个体对物品的喜爱程度与他人对物品的情绪反应有关,与伴随厌恶表情出现的物品相比,个体更喜欢伴随快乐表情出现的物品,且只有当表情朝向物品时,表情对评价的情绪效应才会出现,当表情远离物品时,个体对物品的喜爱程度并不会受情绪的影响。这是因为目光表明了他人的兴趣,只有他人的情绪与物品联系在一起时,个体对物品的评价才会受到他人情绪的影响。除了研究个体在他人情绪影响下对物品喜好程度的变化之外,Soussignan 等(2015)更是在注视-线索范式中记录了个体对食物的眼动反应、心率、面部肌肉运动以及喜好程度,结果发现,当他人快乐的表情是朝向食物时,与不看食物相比,个体对食物的喜爱程度增加,颧大肌增强,表现为对食物分配了更多的注意力。这些研究均表明,他人的情绪会影响个体对刺激对象的评价,且只有当他人情绪是通过目光的朝向与刺激对象联系在一起,使得刺激对象被赋予了个体的情绪特征(Becchio,Bertone,& Castiello,2008)时,个体才会从他人情绪中推断出与之对应的评价,进而形成与之一致的评价。

他人的情绪会影响个体对事物的评价，而个体评价的改变会进一步影响个体对事物的情绪反应，这一点在情绪的认知评价研究中已得到大量证实。Scherer(2009)在情绪的成分加工模型(component process model)中指出，情绪是基于个体对事件的一系列认知评价而产生的动态过程，多水平的认知评价(包括事件相关性、影响、潜在的应对方式以及意义等)会引起个体动机和生理反应的变化，最终生成不同的情绪体验。Grandjean 和 Scherer(2008)在记录个体看到刺激后的脑电活动时发现，对刺激新异性和愉悦程度的评价发生在早期，表现出自动性和无意识性，而评价刺激是否阻碍目标则发现在晚期，需要更多的有意控制，由此从时间上确定了不同水平的认知评价。不同的认知评价会诱发不同强度的情绪更是得到实证的支持。Lazarus 和 Alfert(1964)发现，在个体看视频前采用不同的指导语操纵个体对视频的评价能有效地改变个体所体验到的情绪强度，被告知视频不恐怖后，与控制组相比，个体自我报告的恐惧显著减少了，且所记录到的生理反应也变弱了。之后 Aue，Flykt 和 Scherer(2007)给被试看了自我相关性不同的图片(如，具有生命威胁的图片自我相关性最强，其次是文化威胁性的图片和中性图片)，结果发现自我相关性越强，图片所诱发的心率越强，表明所引起的恐惧越强烈。

个体会从他人情绪中获取对事件的评价，与之趋同，而这进一步会影响个体自身的情绪体验，这是社会评价与情绪感染关系的间接证据。也有研究者验证了他人情绪-评价-个体情绪这一路径的存在，以直接说明社会评价在情绪感染中的作用。Parkinson 和 Simons(2009)采用日记法进行研究，分别让被试记录在日常生活中的决策及对决策的重要性、可能性进行评价，个体决策前后的情绪,卷入其中的他人也记录做决策时的情绪体验,即记录个体决策时所体验到的焦虑和兴奋、自己对于事件的评价以及他人的情绪。之后采用路径分析的办法分析他人情绪-评价-自己情绪,结果发现,控制自己情绪后,他人情绪-评价-自己情绪这一路径存在,也就是说个体确实会根据他人情绪评价决策情境进而产生相应的情绪体验。此外,在气球模拟冒险任务(balloon analogue risk task,BART)中,个体通过按键来控制气球膨胀,气球越大,得分越多,但当气球过大而爆破时,会扣除一定的分数,且气球会在不同的按键次数后爆破,使得每次尝试的结果都是不可预测的。Parkinson,Phiri 和 Simons(2012)采用 BART 研究个体的冒险行为,并在任务中加入朋友的面部表情作为时时反馈,以考察他人的情绪如何影响个体对任务的评价和任务中的焦虑情绪。结果发现,看到朋友的焦虑表情,个体的冒险行为更少了。

### 3.2.4　社会评价的神经机制

虽然已有研究证明了社会评价的存在,发现个体的情绪会受到他人情绪或评价的影响(Mumenthaler & Sander,2012,2015),但社会评价的神经机制仍不清楚。Prehn 等(2015)首次在社会情境中探讨了个体对情绪图片的反应是如何受到他人情绪评定的影响,并探讨了社会评价过程的相关脑区。被试在评定自己看到负性图片的感受之前会看到同来参加实验的他人对图片的情绪评定,因此,实验分为两个部分,一是看到他人情绪评定后个体对图片的预期阶段,以及个体看到图片后自己评定的阶段。结果发现,实验中出现了情绪的感染现象,也就是说当他人对图片的情绪唤醒较低时,个体自评的情绪唤醒程度也较低,表现出趋同。且在预期阶段,他人的情绪评定程度与个体前脑岛和额叶皮层的活性正相关,这意味着他人对图片的评定越消极,个体越能预期到有负性图片的出现。更重要的是,在图片评定阶段,个体除了表现出与图片情绪相一致的杏仁核活性外,此时也会考虑他人的情绪评定,表现为他人评定与个体腹侧纹状体的负相关,说明在他人认为图片引起的情绪唤醒越低时,个体越倾向于与之保持一致。由此,Prehn 等(2015)认为,情绪的社会影响可以反映在腹侧纹状体的活性上,这也与社会服从中的研究结果一致,说明纹状体表征了个体与他人保持一致的需要,未来研究可以深入探讨纹状体在情绪的社会评价中的重要作用。

## 3.3　其他机制

研究者主要关注了情绪模仿和社会评价在情绪感染中的作用,并采用大量实证研究验证情绪模仿-情绪感染以及社会评价-情绪感染这两条路径。但也有研究者提出了其他设想,以丰富情绪感染的内在机制。

Peters 和 Kashima(2015)认为,除了情绪模仿和社会评价,还有一些不太受重视的情绪感染的内在机制,如情绪分类(emotion categorization)。情绪分类-情绪感染路径是指个体在看到他人情绪表现时会自动地形成情绪概念,进而产生相应的情绪体验。看到他人龇牙咧嘴,个体会将其表现归类为"愤怒",这一情绪概念的激活会直接引起个体自身愤怒的体验。已研究确实发现,看到他人的情绪表现,个体会自动地进行情绪识别,以采用分类的方式快速地加工外界信息(Hofelich & Preston,2012)。且有研究证实,单纯地激活情绪概念即可影响个体的情绪体验,启动愤怒相关的概念后,个体皮肤电阻增加,对突然出现的噪音也更恐慌(Oosterwijk，Topper，Rotteveel，& Fischer，2010）。但情绪分类对情绪感染的直接作用仍处于设想阶段，还需研究者在实验室中同时验证两个步骤的存在，进而直接证明情绪分类对情绪感染的影响。

但也有研究者指出，情绪模仿、社会评价等过程只能较好地解释个体间情绪的感染，而不能全面地说明群体间情绪是如何传播的。这是因为，在现实的群体情境中，个体与他人不可能只是一次单向的情感交流，这种不断持续的互动更少地依赖于如社会评价等的推断过程。因此，Parkinson（2020）提出了情绪感染（特别是群体间情绪感染）的新方式——朝向调整（orientational calibra-

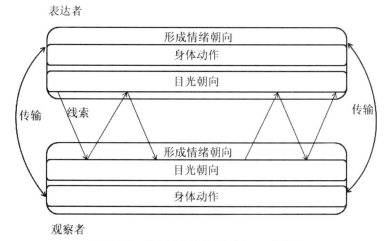

图 1.12　朝向调整过程（Parkinson，2020）

tion）。如图 1.12 所示，表达者不同方面的情绪朝向引起观察者不同层面朝向的变化。如，他人的目光朝向使得个体关注到之前并未觉察的刺激，他人推的身体动作也会引起个体的肌肉抵抗。在这个过程中，个体会自动地与他人动作的速度和节律同步。当这种互动方式反复出现时，双方就逐渐进入更有结构的情绪状态，甚至不需要用评价相关的方式来理解对方的感受和行为。由此，一致的情绪朝向在反复的调整中得以形成，而不是依赖对他人情绪信息的评价。Parkinson(2020)进一步比较了情绪模仿、社会评价、朝向调整三种情绪感染的机制,见表1.6。在情绪模仿中主要是情绪表现在个体间的传递,不需要说明他人情绪指向何种特定目标。而社会评价主要是基于他人的情绪朝向评价当前情境。最后,朝向调整涉及双方不断调整与不太确定事件相关的注意关注和动态的身体姿势。

表1.6 三种情绪感染机制的比较(Parkinson,2020)

| | 影响情绪的主要成分 | 人际互动的条件 | 自动程度 |
|---|---|---|---|
| 情绪模仿 | 情绪表情(不需要朝向特定目标) | 需要接触 | 无意识 |
| 社会比较 | 朝向特定目标的情绪所蕴含的信息 | 可以是远距离或间接的接触 | 无意识或有意识 |
| 朝向调整 | 与事件相关的动态朝向 | 需要直接而持续的接触 | 无意识 |

针对情绪感染的多种解释,Elfenbein(2014)在其情绪过程理论(affective process theory, APT)中整合了情绪模仿、情绪解释、社会比较等10种情绪感染的内在机制,见表1.7。Elfenbein(2014)指出,在个体间情绪影响的过程中有两个核心要素:认知评价(cognitive appraisal)和视角(vantage point)。认知评价的重要性已在很多情绪理论中都有提及,个体需要对刺激进行初评价、次评价、再评价等多方面的评价从而产生特定的情绪。而他人的情绪对个体产生影响,还需要有相同的视角(shared vantage point, SVP),也就是说情绪表达者和观察者是否从相同的角度体验当前情绪事件。当两者处于相同的情绪刺激,且对刺激的评价相同时,情绪感染就会发生。而如果两者处于相同的情绪刺激但对刺激的解释不同时,更有可能发生情绪扩散。如果他人就是个体的情绪刺激,一般会产生情绪补偿,如共情。

表 1.7　情绪感染的十种机制(Elfenbein,2014)

| | 刺激 | 表达的线索 | 结果 |
|---|---|---|---|
| 传递过程 | 1 共享刺激 | 线索识别 | 8 行为结果 |
| | | 4 情绪识别 | |
| | | 5 识别的结果 | |
| 模仿过程 | 2 模仿刺激 | 6 模仿线索 | 9 模仿行为 |
| 共情过程 | 3 刺激的共情 | 7 认知的共情 | 10 结果的共情 |

# 4　情绪模仿与社会评价的整合

从上述分析中可看出,情绪模仿和社会评价确实都对情绪的感染产生了重要的作用,且都得到了一定的实证支持。但情绪模仿和社会评价并不是完全对立的,它们各有自己发挥作用的条件,又可以相互影响,共同完成情绪的感染过程。

## 4.1　情绪模仿与社会评价的比较

在认知和社会心理学中,双加工系统得到大量研究者的认同。不同的研究者对双加工系统的命名和特征描述有所不同,有些研究者倾向于从意识的卷入程度将人类思维分为前意识加工和意识加工,也有研究者从语言在思维中的作用将加工分为不用语言表达的不言自明的加工和与语言联系在一起的外显加工(胡竹菁,胡笑羽,2012)。Evans 首次提出并不断发展了双加工系统,认为,人类思维中主要有两种认知过程,一种是快速的、自动的、无意识的过程(系统 1),一种是缓慢的、慎重的、有意的过程(系统 2),这两种加工系统协同作用,共同完成人类对外界的认识(Evans,2008,2015)。虽然双加工系统主要是针对认知领域的,不涉及情绪加工过程,Evans(2008)甚至认为情绪加工由于其快速性应该从属于系统1,但越来越多的研究表明情绪加工也存在直接和间接的水平之分,双加工系统对于情绪加工应该也是有一定的适用性。

Leventhal(1984)在情绪的感觉运动理论中指出,个体会对情绪进行三个等级的加工:感觉运动加工、图式加工和概念加工。对情绪的感觉运动加工是最基本的核心步骤,情绪刺激下所产生的自发情绪反应类似于简单的反射,不需要与产生情绪的情境或已有的记忆结构相结合。在图式加工阶段,反复诱发的感觉运动反应形成关于情绪事件、主观体验、情绪反应等信息的记忆结构,也就是情绪图式。在情绪图式的指导下,一旦相关的情绪线索出现,相应的情绪体验、情绪反应也继而产生,这种加工是快速而自动的,并不需要认知推理的参与。在概念加工阶段,对情绪体验的自我反思形成关于情绪事件和情绪反应的抽象概念,借助于这些抽象概念,个体能对情绪进行有意地加工和控制。同时,情绪的等级加工是相互作用的,高级的加工中也会蕴含更低等级的加工方式,也就是说在对情绪的概念加工阶段,感觉运动和图式等较低级的加工模式会与概念加工相互作用,进而决定对情绪的加工。这一观点与杏仁核对情绪的反应模式相似。杏仁核情绪性加工的双阶段理论认为,杏仁核对情绪性感觉刺激的加工存在一个早期的不依赖于注意资源和认知加工负荷的自动化成分和一个晚期的受到额-顶叶皮层注意机制调节的成分,自动化过程和注意调控过程是相互整合的,而非绝对割裂的(杜忆 等,2013)。

从上述认知和情绪的多水平加工中可知,"快"加工和"慢"加工是同时存在的。情绪模仿是对他人情绪的直接反应,其更类似于对情绪的感觉运动加工,不需要与产生情绪的情境或已有的记忆结构相结合,表现为早期的自动成分。这一点已在相关的研究中得到证实,情绪模仿主要与早期的脑电成分有关。而社会评价是根据他人情绪信息来推断当前情境,形成一定的认知评价,这一过程依赖于情绪的图式甚至概念,根据出现的情绪线索产生相应的认知评价。因此,从这一点来看,情绪模仿更多是自下而上产生的直接反应,而社会评价是在外界情绪线索的基础上结合已有的情绪图式而产生的自上而下的过程。情绪模仿和社会评价都可以是快速的,不需要认知推理的参与,但它们对已有情绪经验的依赖程度不同。

## 4.2　情绪感染的多路径理论

Peters 和 Kashima(2015)提出了情绪感染的多路径理论,认为个体可通过行为同步、情感分类和社会评价三条路径感染他人的情绪,如图 1.13。每条感染路径都包括两个过程,首先是表达者和观察者在情感状态的特定成分(情感行为表征、情感概念或评价)上达成一致的社会影响过程,之后是情感成分的变化使得观察者产生一致的情感状态的情感诱发过程。具体来说,在第一条路径中,观察者会通过自发地模仿他人的表情、声音、姿势等非言语的情感行为,或者在行为的频率和时间上与其保持一致,或者为了促进社会联系而接受对方的情感行为等方式同步他人的情感行为。由此形成的情感行为表征也进一步诱发相应的情绪体验。这一感染路径已经得到情绪模仿相关研究的证实。在第二路径中,观察者看到表达者情绪后会自动地将其归类为某一种情绪,形成关于他人情绪的概念,而这进一步诱发了与之一致的情绪体验。

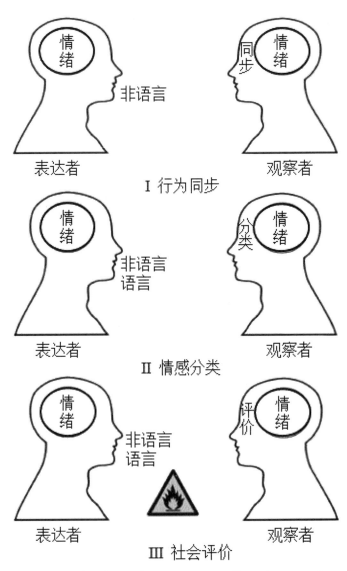

图 1.13 情绪感染的多路径理论（Peters & Kashima,2015）

例如,看到他人皱眉或踢门,个体会将其行为归类为"愤怒",而头脑中"愤怒"概念的激活会直接增强个体自身愤怒的体验。将外界刺激进行分类反应了个体快速应对环境的能力,已有研究确实发现,个体能够有效地识别他人的情绪(Hofelich & Preston, 2012),且激活情绪概念后会产生相应的面部、动作等情绪表现(Lindquist & Gendron,2013)。在第三条路径中,表达者对特定目标的情感行为引起了观察者针对同一目标的一致评价,进而诱发了相应的情感体验,这一感染路径也已经得到社会评价相关研究的证实。

目前情绪感染内在机制的实证研究多集中探讨情绪模仿和社会评价这两条路径的作用,已有研究确定了情绪模仿和社会评价的测量指标和操纵方式,在实验室中同时研究情绪模仿和社会评价的作用是可行的。且个体通过情绪概念感染他人情绪这一路径并未受到太多研究者的关注,也缺乏表达者情绪-情绪概念-观察者情绪这一完整路径的直接证据。因此,本文在探讨情绪感染的内在机制时只试图整合情绪模仿和社会评价这两条路径的作用。

根据情绪感染的多路径理论,虽然情绪模仿和社会评价均是情绪感染的路径,但它们有其自身的特点,适用于不同的情境。Peters 和 Kashima(2015)指出,不同的情绪感染路径对情绪类型的依赖程度不同。没有指向性的非语言情绪信息(如面部、姿势、声音等情绪表现)更容易引起情绪模仿,之后产生相似的情绪体验;而有指向性的语言情绪信息(如吸烟增加癌症的可能性)和非语言情绪信息下,个体更倾向于用社会评价的路径来感染他人的情绪。当然,这并不意味着有指向性的情绪信息下个体只能通过社会评价来产生情绪感染,此时个体也有可能通过模仿他人的情绪表现而感染情绪。情绪感染一条路径的激活可能也会激活其他路径,其多条路径是可以共同起作用,最大化地促进情绪感染。现有情绪感染研究中多采用非语言性的情绪信息作为情绪来源,这可能并不能有效地区分情绪模仿和社会评价的作用,如果要单独考察社会评价对情绪感染的影响，可能采用语言情绪信息会更有独特性。且与非语言情绪信息相比，语言情绪信息感染的效果更好、保持更久。未来研究仍需区分不同条件下相对重要的情绪感染机制。

此外，Peters 和 Kashima（2015）认为，目前情绪感染的研究多以成年人为研究对象，但情绪感染应该是毕生发展的，从生命历程来看，不同时期个体感染他人情绪的内在机制可能也是不同的。也就是说，上述三种情绪感染的方式发展轨迹可能也不同。Waters，West 和 Mendes（2014）发现，当婴儿与刚刚完成压力任务的母亲相聚时，其生理反应升高，且对陌生人更加抗拒，这一结果提示婴儿时期的个体就能感染其母亲的焦虑。至于情绪感染内在机制的发展，首先，婴儿出生后不久就会模仿他人的哭泣（Geangu，Benga，Stahl，& Striano，2010），较早表现出对他人情绪行为的同步。其次，在情感分类路径方面，大多数 2 岁的儿童可以判断他人的微笑表示高兴，3 岁时知道皱眉表示愤怒，哭泣表示伤心，8－10岁时才能识别所有情绪的典型表现（Durand，Gallay，Seigneuric，Robichon，& Baudouin，2007）。虽然个体较晚才能识别某些情绪，但在 3 岁之前儿童已经获得并会运用典型情绪词，如高兴、悲伤、害怕等。最后，在社会评价路径方面，视崖实验发现，与母亲表现出消极情绪（如恐惧、愤怒）相比，当母亲表现出积极的情绪表情（如高兴）时，1 岁左右的婴儿更倾向于爬过视崖装置（Sorce，Emde，Campos，&Klinnert，1985）。也就是说，1 岁左右的个体已经能通过他人情绪表情所隐含的信息来判断当前情境如何。总之，少量的实证研究确实发现，个体在生命的早期就会运用行为同步、情感分类、社会评价等方式感染他人的情绪。且情绪感染能力的发展受限于个体认知能力的发展，情感分类和社会评价的运用需要借助于个体相应的认知能力。因而,行为同步这一情绪感染机制可能较早存在,因为其不依赖于语言和概念推理。相应地,对快乐的感染可能早于对内疚的感染,因为内疚更依赖于认知能力的发展。未来研究可以深入探讨情绪感染及其内在机制的发展轨迹。

## 4.3　情绪即社会信息模型

Peters 和 Kashima(2015)试图从情绪信息类型来区分情绪模仿和社会评价的相对重要性,与此相似,van Kleef 等(2009,2010,2016)在情绪即社会信息(emotions as social information,EASI)模型中指出,同一情绪信息在不同的情境下主导性的情绪加工方式也会有所不同。EASI 模型认为,情绪是社会的,个体的情绪和行为会受到他人情绪的影响,且个体对他人情绪的加工存在两种加工方式——情感反应和推断加工。情感反应和推断加工是同时存在且相互影响的,两种加工方式的预测性谁强谁弱,取决于个体的认知动机和情境的竞争性,见图 1.14。

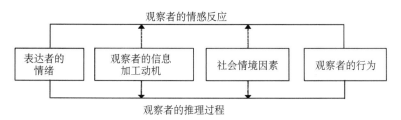

图 1.14　EASI 模型(van Kleef, De Dreu, & Manstead, 2010)

### 4.3.1　一个核心:情绪的社会功能

情绪是社会的,个体可以从他人的情绪表现中推断其内在的情绪体验或想法，进而影响自己的情绪或行为（Parkinson，1996）。在模糊情境中，他人的情绪可以提供一些信息，帮助个体评价甚至回应当前情境。传统的观点认为情绪的功能在于帮助人们延长寿命、繁衍后代，以恐惧为例，对别人的恐惧可使个体远离威胁。Fischer 和 Manstead（2008）则认为，情绪的功能已经从生理适应转为社会适应了，具体来说，情绪可以帮助个体建立社会联结，解决诸如社会排斥等社会问题。因此，情绪的社会功能体现为一方面使个体建立或保持社会联系，即联结功能，如快乐表明一切都很好；另一方面使个体与他人保持一定的社会距离，即社会远离功能，如愤怒表明个体想要改变对方的行为，并给对方施加压力。虽然研究者已经越来越意识情绪的社会功能，但仍没有理论系统地阐述他人情绪是如何影响个体的情绪和行为，不同的情绪影响程度是否相同，同一情绪在不同的情境下作用是否一样。EASI模型进一步深化了情绪是社会的这一理念，并试图对上述问题进行回应。

### 4.3.2　两条路径：情感反应和推断加工

EASI 模型指出，个体对他人的情绪信息存在两种加工方式：情感反应和推断加工（van Kleef，2009，2016；van Kleef et al.，2010）。在情感反应中，个体可通过模仿他人的情绪表现直接"重现"他人的情绪状态。在获得他人情绪后，个体会选择性地实施某种行为进而保持这种情绪，或者在这种情绪状态下会形成相应的认知，进而指导自己的决策。例如，个体通过模仿感染他人快乐后，会认为当前的情境是安全的，所以会很慷慨地给对方更优的选择；而当对方感到悲伤时，个体也体验到悲伤情绪后，为了缓解这种消极的情绪，也可能会予人方便。也就是说，在情感反应路径中,个体必然先通过模仿感染到他人的情绪,进而根据情绪的特点引导自己的行为。而在推断加工中,个体会借助他人的情绪来理解当前的不确定情境,进而形成一定的情绪体验和行为倾向。情绪是个体对当前情境的有意或无意的评价而产生的,不同的情绪所蕴含的信息不同。当个体目标实现时会体验到快乐的情绪,因此他人的快乐表明当前情境是友好的;愤怒是目标受阻时产生,他人的愤怒意味着有障碍或者要责备相关人员;而当个体有损失或者感觉无能为力时会感到悲伤,因而他人的悲伤表情表明当前情境失控,个体需要帮助。总之,个体会借用他人情绪表现中所蕴含的信息来理解当前的情境,形成特定的评价,进而体验到相应的情绪或者进一步采取行为。

情感反应和推断加工是同时存在且相互影响。在一些情况下,情感反应和推断加工会导致相同的结果,如感受到他人的悲伤或者推断出他人需要帮助,个体都会实施友善的行动。而在另一些情况下,情感反应和推断加工又会导致相反的结果,如感受到他人的愤怒后,个体也会责备他人而不友善,而若从他人的愤怒推断出他目标受阻时,个体可能会尽量地满足对方的要求。何时情感反应作用强,何时推断反应占主导,主要会受到情境的竞争性以及个体的认知动机的影响。具体来说,合作情境下情感反应的预测性更强,而竞争情境下更可能采用推断加工的方式来加工他人的情绪信息;同时,高认知动机更能促进深度的推断加工,而低认知动机下情感反应的作用更强。

### 4.3.3 两个调节变量:情境的竞争性和个体的认知动机

情境的竞争性隐含在互动双方的关系中,双方目标一致时情境的竞争性减弱,合作性增强,个体对他人的信任水平也随之提高。个体对情境竞争性的知觉会影响其加工他人情绪的方式。当个体觉得双方的目标相同时,其更可能直接获得他人的情绪,并受其影响。而当个体觉得双方存在竞争或者不信任对方时,个体更不可能采用情感反应的方式获得他人的情绪,其更倾向于采用推断加工的方式从他人的情绪表现中获得当前情境的信息,进而做出决策。情境的竞争性会影响情感反应和推断加工的预测性,个体的认知动机也是情绪加工方式的另一重要调节变量。认知动机是指想要更准确地认识世界的需要(van Kleef, De Dreu, & Manstead,2004),权力感、时间压力、环境噪音等情境因素也能影响个体的认知动机水平。高认知动机的个体对自己所拥有的经验更不自信,其倾向于更深入系统地分析外界信息,以获取更全面的认识。类似地,在情绪加工方面,高认知动机者也较少直接采用情感反应接受他人的情绪,其更倾向于进行系统的加工,推断他人情绪所隐含的意义,进而进行反应。

总之,EASI 模型指出,个体会采用情感反应和推断加工两种方式加工他人的情绪,具体哪种方式占主导作用,会受到情境的竞争性和个体认知动机的影响。其中,合作情境下个体更倾向于采用情绪模仿的方式加工他人的情绪,而竞争情境下推断加工的作用更强。也就是说,不同情境下个体与他人关系不同,加工他人情绪的方式也会有所不同。在合作情境下,个体认为他人的情绪是更适合当前情境的,更容易接受,进而运用较少的认知资源甚至自动地进行情绪反应;而在竞争情境下,个体需要运用较多的认知资源来理解他人情绪的意义。情绪感染涉及个体对他人情绪的加工,应该也会随着双方关系的不同而使用不同的方式感染他人的情绪,这其中就包括情绪模仿这一直接的情感反应和社会评价这一推断加工过程。

## 4.4　内外群体对情绪感染的调节作用

在 EASI 模型中,合作/竞争这一社会情境主要影响的是表达者和观察者的关系本质,在合作情境下双方关系互依性强,而竞争情境下双方关系相对独立。内外群体也是双方关系的一种表征形式,个体会表现出对内群体的偏好和对外群体的贬低,其中内群体偏好就包括,与外群体相比,个体会更多地帮助内群体,与其保持合作(Everett,Faber & Crockett,2015)。因而与外群体相比,内群体这一关系背景应该是与合作情境一样,更亲和的、互依性更强的。更重要的是,已有研究发现个体的认知动机与内外群体效应显著相关,认知动机高时,个体会表现出更多的外群体贬低行为(Shah,Kruglanski,Thompson,1998),由此可推断,内外群体这一关系背景可能会诱发个体不同水平的认知动机。总之,内外群体很可能会影响个体对双方竞争性的表征,也会影响个体的认知动机水平,而这进一步成为情绪感染内在机制的调节变量。

### 4.4.1　内外群体的概念

群体(group)是指两个及以上的个体互动形成的集合,群体内的个体相互欣赏,有共同的价值取向,为实现共同的目标而聚焦在一起。从群体的概念可知,并不是个体的集合就能产生群体。Tajfel(1982)指出群体的产生需要个体对所属群体有一定的认同感,这种认同感表现为个体能意识到群体的存在,认为群体是有价值的,且个体对群体有一定的情感卷入,只有每个个体都对群体有认知的、价值的、情感的认同,群体才得以形成。正因为群体的存在,才有内外群体之分。社会学家 William Graham Sumner 首次在《民俗论》(1906)中提出了"内群体"和"外群体"的概念。内群体是指个体在血缘、兴趣等方面有所归属的群体,内群体是社会生活的中心;而外群体是指个体不属于其中的任何群体,外群体是相对于某个具体的内群体而言的。Summer认为,人们倾向于以自己的群体为豪,对内群体表现出积极的评价,即内群体偏好;同时,人们倾向于对外群体表现出轻视,认为其风俗不好,亦即外群体贬低。Tajfel(2010)从社会认同理论解释了内外群体的形成及其对个体的意义。首先,个体处理外界信息的能力是有限的,个体倾向于用分类的方式快速处理信息,因而,对个体来说,将所有的人群区分为内外群体有利于快速认知他人。而社会分类后不同组间的差异被放大了,而组内的差异被低估了,也就是说社会分类使得内外群体的差异更加明显,个体更会知觉到自己所属的内群体与他人所属的外群体之间的差异。其次,社会分类突显内外群体的差异后,个体更会进行内外群体的比较,若在一些维度上内群体明显处于劣势,个体会寻求其他比较维度以削弱内外群体的差异,甚至使内群体优于外群体,而这一社会比较的过程最终是为了使个体认同内群体并从中获得自尊。社会认同理论认为,个体在内外群体的形成和比较中维护了自我形象的完整性,对个体来说,偏爱内群体、贬低外群体是有意义的,这也是为什么内外群体冲突不断的原因,内外群体的竞争和冲突都是个体对内外群体心理加工过程不同的结果。

Sherif(1957)较早在夏令营中观察群体是如何形成的以及群体如何发挥其效应。他把来自各地的、互不认识的11—12岁的男孩召集起来参加夏令营。实验场景设置得与夏令营一样自然、有趣,参与者并未觉察到这是一场实验。之后实验者把参与者分别两组,"响尾蛇"和"鹰"。很快,组内成员就自发地选出了领导者,并制定了相应的规则。一开始让孩子只与对内的成员进行一些活动,如一起爬山等;后来,让这两个小队开展了竞技类的活动,比如足球赛。此时,两队成员之间的冲突与对立逐渐增加;接下来给这两队成员提供有限的资源,如食物资源,两队成员互相之间开始变得敌对起来,这两队各自成员均产生了对自己小队较高的社会认同感,他们将小队成员看成内群体成员,并向另一对的成员表达出仇恨的态度和行为。

此后,众多研究都在不同领域发现了个体对内群体的偏好和对外群体的贬低,即对内群体更为善意、宽容和利他,而对外群体更为猜忌、漠视甚至敌意。但也有研究者发现个体除了存在内群体偏好,也可能存在外群体偏爱。针对这一争议,Balliet,Wu 和 de Dreu(2014)采用元分析的方法探讨合作领域的内群体偏好,结果发现,内群体偏爱确实存在,与外群体相比,个体会更多地与内群体合作,且当群体成员达成共同的认识或有持续的互动时,内群体的偏爱更加明显,而这种内群体偏好有可能会进一步导致群体间的歧视。

### 4.4.2　情绪加工中的内外群体效应

情绪本身是有意义的,看到他人微笑时个体的嘴角也会上扬,而他人愤怒时个体会感知到危险的存在,进而产生防御行为。但同一种情绪在不同的情境下意义也有所不同,内群体他人的微笑可能代表愉快的体验,外群体他人的微笑则可能是一种优越感,甚至可能是一种尴尬的体验(Niedenthal,Mermillod,Maringer,& Hess,2010)。内群体成员的负性情绪会削弱群体整合进而阻碍群体效能,而从外群体中感受到的负性情绪会促进群体整合进而增强群体效能(Knight & Eisenkraft,2015)。Paulus 和 Wentura

(2014)比较了个体对来自内外群体的快乐和恐惧的反应,结果发现内群体的快乐和外群体的恐惧都引起了趋近反应,而内群体的恐惧和外群体的快乐更多地引起了回避反应,也就是说不同关系背景的他人的情绪所引起的反应不同。Weisbuch 和 Ambady (2008)也发现,个体对他人情绪的自动反应取决于两者的群体关系。白人个体会受到与自己肤色相同他人的情绪影响,恐惧情绪下对消极词汇反应更快,快乐情绪下对积极词汇反应更快;而与自己肤色不同他人的情绪对个体的影响模式不一样,恐惧情绪下对积极词汇反应更快,快乐情绪下对消极词汇反应更快。也就是说,个体对内群体个体的情绪有更一致的反应,而对外群体的情绪发生了分散。

在内外群体对情绪感染的影响方面,有些研究者认为个体对内群体存在更多的认同,必然也会更多地接受其情绪的影响,产生一致的情绪反应(Epstude & Mussweiler,2009;Weisbuch & Ambady,2008)。Epstude 和 Mussweiler(2009)先让被试看一篇男女之争的文章以突显性别背景,之后让其观看男性和女性的积极和消极情绪面孔,形成内外群体的情境。结果发现,与外群体(不同性别)相比,内群体(同性别)的情绪面孔诱发了更多的一致体验,即个体更多地同时感染了内群体的积极和消极情绪。这是因为社会分类会影响个体对他人情绪的反应。社会分类理论认为,个体会缩小内群体的差异,而扩大群体间的差异(Tajfel,2010)。当观看到内群体成员的情绪时,个体会更多地关注相同之处,而更多地与其产生相同的情绪反应;而当看到外群体成员的情绪时,个体会被启动差异的概念,关注不同之处,从而情绪趋同的效应减弱,甚至出现相反的反应。当然,从进化的角度来说,对内外群体成员情绪的差别反应本质上是与内外群体效应的社会文化功能联系在一起的(Cottrell & Neuberg，2005)。在人类进化的历程中，一直是以群居的方式生存下来。人类学家认为，远古时代的恶劣环境使得人类不得不相互依赖，共同合作，这样才能在群体生活中实现个体自身生命的延长与价值的实现，这是群居生活给个体带来的利益。但群体生活也存在一定的弊端，为了获得有限的资源，群体间可能存在竞争和威胁，个体更容易将外群体视为资源的窃取者，对外群体更警觉。与内群体成员的情绪相比，外群体成员的情绪可能意味着更大的威胁，因而对其一致的反应更少。

但也有研究者认为内外群体对情绪感染的影响是会受到所感染的情绪本身特征的影响，也就是说，不同的情绪本身所具有的意义有所不同，代表的威胁程度也不同(Hess & Fischer，2013)。愤怒是一种目标受阻后对他人的警告，表明个体随时可能发生回击，其对个体来说威胁更大，来自外群体的愤怒则更加强化了外群体的危险程度，外群体成员的愤怒可能意味着外群体对内群体资源的争夺，个体为了维护自己群体的利益不太可能表现出与外群体一致的愤怒。而快乐则不同，快乐可以帮助双方建立社会联系，他人的快乐并不意味着威胁，其更多的被视为是建立联系的信号，其有可能突破内外群体的界限，使得个体同等地感染内外群体的快乐情绪(van der Schalk et al.，2011)。

### 4.4.3 内外群体对情绪模仿和社会评价的影响

虽然许多研究已经发现个体对来自内外群体的情绪加工程度存在差异，总体表现为对内群体的情绪更多的趋同，而对外群体的情绪引起了不同的反应，但研究者并没有深入分析在同等程度地感染内外群体的情绪时，个体的感染方式是否相同。也就是说，假使情绪模仿和社会评价确实可以是情绪感染的两条路径，其预测性的变化是否会受到内外群体的影响。EASI 模型对此已经做出预测，在互依性强的情境下，个体更多的采用情感反应加工他人的情绪，而在互依性弱时，推断加工处于主导作用。目前还有没有研究直接探讨内外群体对情绪模仿和社会评价预测性的影响，但少有的研究中仍可得到一些参考。

研究者已经发现，个体会更多的模仿内群体的情绪。如，虽然愤怒等消极情绪是一种拒绝的信息，但当内群体成员表现出愤怒时，这可能是针对同一个外群体成员，个体会自然地"同仇敌忾"。个体在看到自己所支持的领袖的愤怒表情时，皱眉肌活性明显强于颧大肌，也就是说也表现出了愤怒的表情，而当所反对的领袖表现出愤怒表情时，个体并不会模仿其愤怒（Bourgeois & Hess，2008）。除了政治态度这一内外群体特征外，专业的不同也能引起情绪模仿的差异。心理学专业的学生在看到本专业同学的愤怒和恐惧表情后，皱眉肌活性显著大于颧大肌，而当同一面孔被标签为经济学专业同学时，被试的皱眉肌活性明显减弱，且 FACS 分析也发现，被试看到同专业他人的表情后，与愤怒有关的 AU4 和与恐惧有关的 AU5 的活性明显强于看到外专业他人的表情（van der Schalk et al.，2011）。也就是说被试更多地模仿与自己相同专业的他人的愤怒和恐惧，而对外专业的情绪发生了分散现象，愤怒引起了恐惧，恐惧引起了厌恶。由于情绪模仿有时是需要付出代价的，特别是对悲伤的模仿意味着为对方进一步提供支持，因此，个体更倾向于模仿与自己社会关系距离较近的他人的情绪，如在群体属性等方面存在很多相似性的他人。

与EASI模型预测的方向一致，对互依性较强的内群体成员，个体更容易采用情绪模仿的方式加工他人的情绪。而目前社会评价的实证研究还不够丰富,内外群体对社会评价的影响方向仍需探讨,但根据 EASI 模型可预测,对互依性较弱的外群体成员,个体可能更倾向于采用社会评价这一推断加工来感染他人的情绪。

# 第 2 章　问题提出与研究设计

## 1　问题提出

论文的第 1 章详细地综述了情绪(特别是快乐)及情绪感染的相关概念,重点介绍了情绪感染的内在机制,说明了情绪模仿、社会评价等过程对情绪感染发生的影响。在此基础上,针对现有情绪感染内在机制上存在的矛盾,结合情绪即社会信息模型,开创性地探索了情绪模仿与社会评价这两大情绪感染内在机制的整合。在梳理已有研究的过程中,发现了情绪感染现有研究仍存在的一些问题。

首先,现有情绪感染内在机制方面的研究过于片面地强调某一种心理过程的作用。情绪感染是如何产生的,这是情绪感染研究中重点关注的,然而不同的研究者提出了不同的解释。Hatfield 等研究者强调情绪模仿在情绪感染中的作用,认为看到他人的情绪个体会自动地模仿其外在的情绪表现,而这经过个体自身的反馈过程在内部产生了与他人相似的情绪体验,情绪感染得以发生。而 Manstead 等研究者认为他人情绪对个体自身的意义不

仅在于可以模仿其情绪表现，更重要的是从他人情绪中个体可以
获得周围情境的信息，在个体对周围情境信息不足时作为参考，形
成对周围情境相应的评价，而这一过程也可以直接诱发个体内部
与他人相似的情绪状态。也就是说，情绪模仿不应该是个体感染
他人情绪的唯一方式，个体同样可以通过社会评价的过程来感染
他人的情绪。但不管是 Hatfield 还是 Manstead 在提出情绪感染
相应的内在机制后，都只专注于特定内在机制的研究，在研究一条
内在机制时忽略了其他路径对情绪感染的影响，甚至否定其他路
径的存在，使得情绪感染的内在机制研究相对局限，不够完整。现
有关于情绪感染内在机制的理论思考已经意识到情绪模仿、社会
评价等过程都可以是个体感染他人情绪的方式，且不同的感染方
式应该与不同的情境有关，在一些情境下某些方式的作用可能强
些，而另一些感染方式的作用则弱些。但少有研究同时分析多条
感染路径，更没有研究探讨在哪些情境下不同路径的作用会出现
分离的效应。总之，虽然现有研究只探讨情绪感染内在机制的单
一路径，但理论上可知多条路径的整合与分离是可行的。本研究
在情绪感染内在机制理论思考的基础上，尝试性地整合情绪模仿、
社会评价这两条路径的作用，以更全面地认识情绪感染的内在过
程。具体来说，根据情绪即社会信息模型，在不同的条件下个体加
工他人情绪的方式有所不同，在合作等亲和性较强的关系背景下
或个体认知动机较低时，个体会更多地采用情绪模仿这一直接的
方式加工他人的情绪，而在竞争等亲和性较弱的关系背景下或个
体认知动机较高时，个体会更多地采用社会推断的方式加工他人
情绪所代表的含义。而内群体这一关系背景会影响个体对双方关
系的表征以及个体对他人认知动机的程度，由此，本研究假设，内
外群体这一关系背景也能有效地分离情绪模仿与社会评价在情绪

感染中的作用,并对此开展研究以验证。

　　其次,现有研究在探讨情绪模仿对情绪感染作用方面的支持力度不够。在证实情绪模仿对情绪感染的影响时,研究者主要是记录个体观看他人情绪时的面部肌肉运动,表征为情绪模仿的程度,同时让个体进行情绪体验的自评,以得到情绪感染的指标,情绪模仿与情绪感染的伴随出现即用来说明情绪模仿对情绪感染的作用,或者有研究更进一步分析情绪模仿与情绪感染指标间的相关。但这种情绪模仿和情绪感染伴随出现甚至两者的相关并不能直接证明个体是通过情绪模仿的方式感染他人的情绪,这并不能排除个体在感染他人情绪后附带出现了情绪表现的可能性。因此,仍需采用更有说服力的方法来证实情绪模仿与情绪感染之间的因果关系。针对这一问题,本研究拟在同时发现情绪模仿与情绪感染的存在之后,进一步采用经颅直流电刺激(transcranial direct current stimulation,tDCS)技术抑制与情绪模仿相关脑区的活动,以观察个体情绪感染的程度是否减弱,由此得到情绪模仿与情绪感染的因果关系。

　　最后,在验证社会评价在情绪感染中的作用时,少有的研究均是记录个体看到他人情绪后对当前情境评价的改变,表征为社会评价的指标,并进行社会评价到个体所体验到的情绪间的关系分析。与上述讨论情绪模仿与情绪感染关系分析时的不足一样,这种社会评价与情绪感染指标上的相关甚至路径关系,并不能说明社会评价对情绪感染的直接作用。如果操纵社会评价,设置有社会评价条件和无社会评价条件,个体感染他人情绪的程度是否会有差异。也就是说,社会评价的变化能否直接引起情绪感染程度的变化。因此,本研究对社会评价和情绪感染间关系的分析,主要拟采用实验操纵的方法,比较有社会评价和无社会评价下个体对他人情绪感染的差异,以此得到社会评价对情绪感染的直接影响。并进一步采用事件相关电位(event-related potentials,ERP)技术分析社会评价影响的时间进程。

# 2　研究设计

从第1章文献综述中可知,快乐有其自身的特点,对他人快乐的感染及其内在机制值得深入探讨。本文深入分析了情绪模仿和社会评价在个体对他人快乐感染中的作用,并从内外群体这一表征表达者与观察者关系的关键变量入手,试图厘清情绪感染内在机制的矛盾,认为,情绪模仿和社会评价均是个体感染他人情绪的有效路径,只是每条路径都有其更适用的社会情境。详见图 2.1 研究框架。

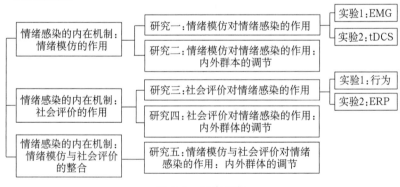

图 2.1　研究框架

本文设计了三部分研究以整合情绪模仿和社会评价在情绪感染中的作用,对应着三个主要的研究问题,即情绪模仿在情绪感染中的作用如何、社会评价在情绪感染中的作用又如何、情绪模仿和社会评价如何共同影响情绪感染过程。具体来说,第 3 章的研究旨在验证情绪模仿在情绪感染中的作用，并探讨内外群体对情绪模仿作用的影响。研究一中的实验 1 首先采用经典的情绪感染范式验证情绪感染的有效性，在此过程中采用面部肌肉运动（electromyogram，EMG）技术测量个体的情绪模仿程度，以得到情绪模仿与情绪感染的协同关系，之后实验 2 进一步采用经颅直流电刺激（transcranial direct current stimulation，tDCS）技术抑制与情绪模仿相关脑区的活动，以得到情绪模仿与情绪感染的因果关系，为情绪模仿在情绪感染中的作用提供强有力的证据。研究二则继续探讨了内外群体对情绪模仿作用的影响，以期验证个体对内群体的情绪更容易采用情绪模仿的方式进行感染。与第 3 章的研究相呼应，第 4 章的研究旨在验证社会评价在情绪感染中的作用，并探索内外群体对社会评价作用的影响。研究三中的实验 1 首先操纵了社会评价与非社会评价的条件，以期验证与非社会评价条件相比，社会评价能使个体直接感染更多的情绪，由此证明社会评价在个体感染他人情绪中的作用，之后实验 2 采用事件相关电位（event-related potentials，ERP）技术探讨社会评价的时间进程。研究四则进一步结合情绪感染内在机制的理论构想，考察了内外群体对社会评价作用的影响，以期验证个体更多地采用社会评价的方式感染外群体他人的情绪。由此，第 3 章和第 4 章的研究分别探讨了内外群体对情绪感染一种内在机制的影响，两者结合起来可以回应情绪即社会信息模型对情绪感染内在过程的整合，但这种整合只是理论上的整合，而非实证上的支持。因此第 5 章的研究五在同一研究中同时考察内外群体、情绪模仿、社会评价三者对情绪感染的影响，以期用数据证明情绪模仿与社会评价对情绪感染的共同作用会受到内外群体这一关系背景的影响，直接证实情绪即社会信息模型对情绪感染内在机制的理论构想，见图

2.2。具体来说,个体感染他人情绪的方式可能会受到个体与他人之间关系的影响,个体在感染内群体成员情绪时情绪模仿的作用更明显,而社会评价在个体感染外群体成员情绪时作用更突出。

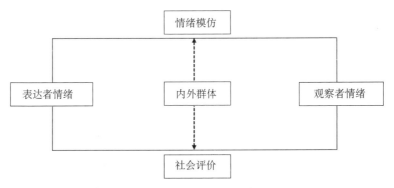

图 2.2 本文结合情绪即社会信息模型所做的理论构想

基于以上三部分研究设计的介绍,本研究提出以下假设:

(1) 他人的快乐诱发了个体更多的快乐体验,且这种体验明显与中性体验有差异,表现出对他人情绪的感染;个体在感染他人快乐时,颧大肌活性强于皱眉肌活性,表现出对他人情绪的模仿;抑制与情绪模仿相关的初级运动皮层活性后,个体感染他人情绪的程度显著低于控制组;个体在感染内群体情绪时会同时出现情绪模仿,而在感染外群体情绪时,情绪模仿的作用减弱,甚至消失,表现为情绪模仿与内群体的强联系。

(2) 社会评价条件下个体所感染到的快乐体验显著强于非社会评价条件下的情绪感染,以此验证社会评价对情绪感染的影响,且社会评价的发生作用时间较晚,主要影响晚期成分,如 P3 波幅;同时,在感染外群体成员的情绪时,社会评价与非社会评价条件的差异大于感染内群体成员情绪时的差异,由此说明社会评价在加工外群体成员情绪时作用更突显。

（3）同时考察内外群体、情绪模仿、社会评价对情绪感染的影响时也能重复前两部分研究的结果，即，情绪模仿和社会评价均能影响个体对他人快乐情绪的感染，且在感染内群体情绪时，高情绪模仿下所感染到的情绪强于低情绪模仿下的感染程度，而在感染外群体情绪时，社会评价条件下所感染到的快乐强于非社会评价条件下所感染到的快乐。

# 3　本研究的意义

本研究从内外群体这一关系背景整合情绪模仿和社会评价在情绪感染中的作用，以尝试性地厘清情绪感染的内在机制，这一研究的意义主要表现为，不管是对情绪感染理论的建构与验证还是对内外群体这一现实问题都有重要的理论和现实参考意义。

首先，本研究同时验证情绪模仿和社会评价在情绪感染中的作用有利于深入支持情绪感染内在机制的理论模型。目前许多研究者对情绪感染的内在机制都提出了相应的理论探讨，Elfenbein（2014）的情绪过程理论（affective process theory，APT）整合了情绪模仿、情绪解释、社会比较等 10 种情绪感染的内在机制，认为这些对情绪感染的解释可以划分为 3 种不同的类型，即与他人处于相同的情绪刺激并对刺激有相同的解释、与他人处于相同的情绪刺激但对刺激的解释不同、他人就是个体的情绪刺激这三类，不同类型的理论解释对应着不同类型的情绪感染过程。Peters 和 Kashima（2015）在情绪感染的多路径理论（multimodal theory of affect diffusion）中也指出，情绪模仿、社会评价和情绪概念都可以是个体感染他人情绪的方式，只是不同的路径对不同特征的情绪和情境敏感。从上可知，目前对情绪感染内在机制的理论探讨已经得到了比较一致的结果，情绪感染是存在多条路径的，不同的路径在不同的条件下其作用有强弱之分。但这些多路径的感染过程只是停留在理论层面，少有研究比较两条甚至多条路径的作用，更没有研究来探讨何种条件下不同的情绪感染方式会有所分离，表现出每种感染方式的特异性。本研究尝试性地在情绪感染内在机制中引起内外群体这一关系背景进行分离，不管是验证情绪感染多路径的存在还是分离不同感染方式的作用，都可以回应现有情绪感染内在机制的理论探讨，为情绪感染理论的发展提供实证支撑。

其次，在试图分离情绪感染多路径的作用时，本研究引入了内外群体这一关系背景，这是符合现实需要的，能为解释现实生活中群体冲突及群体情绪加工差异提供相应的解释，更好地理解并完善现实中群体之间的关系。群体冲突自古就存在，为了争夺稀有的资源，竞争不可避免。自从 Summer(1906)提出"内群体"和"外群体"的概念之后，研究者们更加关注群际之间的关系，采用不同的理论来理解群体之间的冲突、合作等现实问题。群体之间冲突的存在是否是因为个体对内外群体本身的认知就不同？同样的情绪为什么是来自相同或不同的群体时，个体的反应有所不同，个体对不同群体他人情绪加工方式是怎么样的？这些对内外群体基本问题的回应都能说明内外群体对个体而言有何意义上的差别，从而引发了不同的认知。本研究假设，即使是比较容易发生感染现象的快乐情绪，当其出现在内群体或外群体成员身上时，个体加工其简单情绪的方式也有所不同。或许正是因为这些方式的不同，导致同一种情绪在个体身上产生了不同的效应，由此个体对内外群体的认知不同，进而引发了一系列群体行为。

也就是说,本研究拟采用的内外群体这一关系背景对情绪感染方式的影响,是服务于现实问题的,有利于加深对内外群体情绪的理解。

# 第 3 章　情绪感染的内在机制：
## 情绪模仿的作用

## 1　引　言

个体会受他人情绪影响而体验到与他人相似的情绪体验，这种情绪感染的现象在生活中很普遍。情绪感染的发生是如此迅速，个体可能都意识不到自己的情绪受到了他人情绪的影响。那实验室中对情绪的这种感染现象有何发现呢？个体会多大程度地受他人情绪的影响？Dimberg 等做了一系列的情绪感染研究，均是让被试观看静态呈现的快乐或愤怒面孔，并在情绪分化量表（Differential Emotion Scale，DES）上评定所体验到的情绪强度，结果都发现快乐面孔所诱发的快乐体验比愤怒面孔所诱发的快乐体验更多，产生了与情绪面孔相一致的情绪体验，验证了情绪感染的存在，确定了情绪感染的基本实验流程（Dimberg ＆ Söderkvist，2011；Dimberg ＆ Thunberg，2012）。在情绪感染的发生机制方面，受 Hatfield 等人（1993）的模仿-反馈理论的影响，有些研究者强调了情绪模仿在情绪感染中的作用，并用面部肌肉运动来表征外显的情绪模仿。结果发现,在看到快乐的面孔时,个体的颧大肌活性增强,而看到愤怒面孔时,皱眉肌活性增强。由此,将颧大肌和皱眉肌分别作为个体对快乐和愤怒的模仿指标,并验证情绪模仿在情绪感染中的作用。研究一的实验 1 首先采用 biopac 生理多导仪记录个体在看到他人情绪时的面部肌肉运动作为情绪模仿的指标,并进一步记录其所体验到的情绪强度,以分析情绪模仿在情绪感染中的作用。虽然 EMG 可以表征外显的情绪模仿,但要真正探讨情绪模仿对情绪感染的作用,外显的指标可能效果不是很明显,因此研究一的实验 2 继续采用经颅直流电刺激技术改变情绪模仿相关脑区的活性,以观察情绪感染程度的变化,以期得到情绪模仿与情绪感染的因果关系。

经颅直流电刺激(transcranial direct current stimulation, tDCS)是一种非侵入性的、以微弱电流来改变大脑皮层活性的技术(甘甜 等,2013;郭恒,何莉,周仁来,2016)。阳刺激(anodal stimulation)能增强大脑皮层的兴奋性,而阴刺激(cathodal stimulation)会抑制其兴奋性。实验中常用假刺激(sham stimulation)作为对照组,在刺激开始时施加同样强度的电流刺激(0.5 mA~2 mA),但仅持续 30 s—60 s,之后降为零,让被试有通电的感觉,但不足以引起大脑皮层的变化,而阳刺激和阴刺激的电流持续 8 min—30 min。如果在阴刺激组中抑制情绪模仿相关脑区的兴奋性,与控制组相比,个体对他人情绪的感染程度是否会减弱?

Bastiaansen, Thioux & Keysers(2009)综述了与情绪相关的镜像系统,认为,个体为了理解他人的情绪表现,会在运动前区皮层表征所观察到的肌肉运动,进而在感觉皮层体验到肌肉运动所带来的感受。现有 fMRI 研究已经在探索情绪模仿相关的脑区,结果发现初级运动皮层(primary motor cortex,M1)(Enticott, Johnston，Herring，Hoy，& Fitzgerald，2008)、额下回(inferior frontal gyrus，IFG)(Likowski et al.，2012)、前运动系统(premotor system，PM)(Balconi & Bortolotti，2013)等区域在情绪模仿中起着关键的作用。Korb 等(2015)更是采用重复经颅磁刺激(repetitive transcranial magnetic stimulation，rTMS)技术直接改变 M1 的活性，结果发现抑制 M1 区域后，个体对快乐的模仿降低了，这为 M1 在情绪模仿中的作用提供了直接的证据。基于此，研究一的实验 2 进一步采用 tDCS 技术改变 M1 的活性，并假设阴刺激组所记录到的情绪模仿指标减弱，且对他人情绪的感染也减弱。

研究一采用 EMG 和 tDCS 技术验证情绪模仿在情绪感染中的作用之后，研究二进一步探讨内外群体这一关系变量对情绪模仿作用的影响，以期验证个体在感染内群体他人的情绪时情绪模仿的指标更明显，部分支持 EASI 模型中关于不同情境下个体加工他人情绪的优先方式不同的论述。

## 2 研究一:情绪模仿对情绪感染的作用

### 2.1 实验 1:EMG 技术

#### 2.1.1 研究目的

情绪感染现有的研究均是简单地呈现情绪图片或视频，同时分析个体在情绪体验上的感染。但国内尚未有研究验证这一研究范式的有效性以及结果的异同。因此，研究一旨在采用经典的情绪感染范式，并记录被试的面部肌肉运动(EMG)作为情绪模仿的指标，以考察情绪模仿在情绪感染中的作用。

### 2.1.2 研究方法

#### 2.1.2.1 研究被试

采用公开招募的办法选取来自中国人民大学的 30 名在校大学生(24 女,6 男;平均年龄 20.8±2.54 岁),所有被试都身心健康,视力或矫正视力正常,无精神类疾病史,实验前均签署了《被试知情同意书》,实验后得到相应的报酬。

#### 2.1.2.2 研究材料

从中国化面孔情绪图片系统(Chinese Facial Affective Picture System,CFAPS)(王妍,罗跃嘉,2005)中挑选 20 张中性图片(男女各 10 张)。参考情绪感染现有的范式(Achaibou et al.,2008),在 FACSGen 软件(Krumhuber et al.,2012)中将每一张中性图片分别生成强度不断变化(0%,15%,30%,45%,60%,70%,80%,90%,100% 和 110%)的快乐图片,并在 Eprime 软件中动态呈现,其中前 9 张图片呈现时间均为 40 ms,最后一张图片呈现 1100 ms,见图 3.1 的示例,共生成 20 组不同的动态图片。预实验发现情绪的识别率较高,见表 3.1,这与 Krumhuber 等人验证 FACSGen 软件的有效性时得到的结果相似。

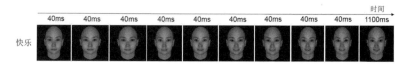

图 3.1 实验 1 中动态呈现的快乐图片

表 3.1 研究中所用图片的情绪识别率和种族识别率(M±SD)

|  | 亚洲面孔 | 欧洲面孔 |
|---|---|---|
| 情绪识别率 | 0.87±0.14 | 0.88±0.14 |
| 种族识别率 | 0.94±0.08 | 0.93±0.09 |

### 2.1.2.3　实验程序

被试来到实验室后,先跟其进行短暂的交流以说明实验流程。在准备好实验设备记录个体观看图片时的面部肌肉运动后,被试开始进行实验环节。其在电脑上观看随机出现的 20 组动态的快乐图片,首先被试会看到一个注视点(1000 ms),看完所呈现的动态图片(共 1460 ms)后,被试要在自我评定图形(self-assessment manikin, SAM)(Bradley & Lang, 1994)上评定自己的情绪体验(1 非常快乐,4 有点快乐,5 中性,6 有点不快乐,9 非常不快乐),详见图 3.2。

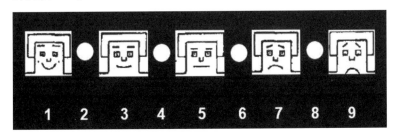

图 3.2　SAM 量表示例

### 2.1.2.4　实验设备与数据分析

在实验过程中采用 Biopac 生理多导仪(BIOPAC Systems, Inc., Santa Barbara, CA)记录被试观看情绪图片时的面部肌肉运动,包括颧大肌和皱眉肌。参与已有研究(Fridlund & Cacioppo, 1986),将双极电极放置在左脸的颧大肌和皱眉肌处,如图 3.3 所示。在左乳突处安放地极,以减少外界信号干扰。先用酒精擦拭左侧颧大肌、皱眉肌以及左乳突处的皮肤,之后在颧大肌、皱眉肌处分别粘贴一次性的双极电极片(直径为 1 cm),在乳突处粘贴一次性的单极电极片(直径为 2cm)。用 2 根屏蔽导线和 1 根非屏蔽导线分别将颧大肌、皱眉肌、乳突处的电极片连接到 Biopac 生理多导仪 EMG100C 放大器上,以记录被试观看情绪图片时的面部肌肉运动，得到情绪模仿的指标。在 AcqKnowledge3.5 软件（Biopac 系统）上设置好采集参数，即采用 2048 Hz 的频率连续记录 EMG，并用 20—500 Hz 宽带进行滤波，之后即开始采集信号。

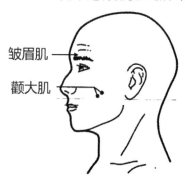

皱眉肌 ——

颧大肌

图 3.3 颧大肌和皱眉肌的示意图

实验结束后，采用 AcqKnowledge3.5 软件离线处理所收集到的 EMG 数据。首先参考已有分析 EMG 数据的流程（Achaibou et al.，2008），将原始的 EMG 数据每 100 ms 进行平方根转换（root-mean-square，RMS），再将代表不同类型刺激的数字信号转化为刺激出现的事件信号，根据事件信号出现的时间将分析数据时程设为 2460 ms，包括情绪面孔出现前的 1000 ms 基线，以及面孔出现的 1460 ms。将情绪面孔出现时个体的面部肌肉活性减去面孔出现前 1000 ms 的基线值便得到快乐情绪下个体面部肌肉的运动情况。删除 EMG 数值在 3 个标准差之外的 trial，剩下的 trial 进行颧大肌和皱眉肌的 EMG 数据平均，即得到个体观看快乐面孔时颧大肌和皱眉肌的活动情况，由此得到情绪模仿的指标。

为了验证情绪感染的存在，平均快乐面孔下被试的 SAM 得分后，与中性体验（得分为 5）进行单一样本 $t$ 检验。同时，为了得到个体感染他人快乐过程中的情绪模仿程度，将快乐面孔所诱发的颧大肌和皱眉肌活性进行配对样本 $t$ 检验。

### 2.1.3　研究结果

将自评的情绪体验进行单一样本 $t$ 检验，结果发现快乐面孔所诱发的情绪体验（3.632±0.827）与中性体验有显著差异，$t(29)=$ $-9.051$，$p<0.001$，表明个体有感染他人的快乐，之后的研究可继续使用情绪自评的方式考察个体对他人情绪的感染情况。

为了得到个体感染他人快乐过程中情绪模仿的程度，对 EMG 数据进行配对样本 $t$ 检验发现，快乐面孔所诱发的颧大肌活性（0.116±0.245）强于皱眉肌活性（$-0.004$±0.004），$t(29)=$ 2.692，$p=0.012$，见图 3.4，表明个体在感染他人快乐时出现了对快乐的模仿。

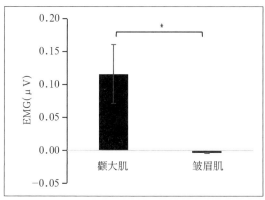

图 3.4　快乐面孔所诱发的 EMG 活性

注：$^*$，$p<0.05$，$^{**}$，$p<0.01$，$^{***}$，$p<0.001$，图中的误差线为标准误，下同

## 2.2　实验 2：tDCS 技术

### 2.2.1　研究目的

虽然实验 1 在个体感染他人情绪的过程中发现了对快乐模仿

的 EMG 指标,但情绪模仿与情绪感染的同时出现并不能直接说明情绪模仿对情绪感染的决定性作用。情绪模仿对情绪感染的作用可能在大脑皮层上会更明显,也就是说所记录到的 EMG 数据有可能不能完全表征情绪模仿(Bastiaansen et al.,2009),特别对于不擅表达情绪的中国人(Wei,Su,Carrera,Lin,& Yi,2013)。因此实验 2 进一步采用经颅直流电刺激(transcranial direct current stimulation,tDCS)技术改变与情绪模仿有关的初级运动皮层的活动,进一步探明情绪模仿对情绪感染的作用。

### 2.2.2 研究方法

#### 2.2.2.1 研究被试

来自中国人民大学的 23 名在校大学生(17 女,6 男;平均年龄 21.78±2.65 岁)参加了实验,所有被试都身心健康,视力或矫正视力正常,无精神类疾病史,实验前均签署了《tDCS 实验被试知情同意书》,实验后得到相应的报酬。随机将被试分入阴刺激组和假刺激组,其中,阴刺激组 11 名,假刺激组 12 名。

#### 2.2.2.2 实验材料

从中国化面孔情绪图片系统(Chinese Facial Affective Picture System,CFAPS)中挑选 20 张中性图片(男女各 10 张)。参考情绪感染现有的范式,在 FACSGen 软件中将每一张中性图片分别生成强度不断变化(0%,15%,30%,45%,60%,70%,80%,90%,100% 和 110%)的快乐图片,并在 Eprime 软件中动态呈现,其中前 9 张图片呈现时间均为 40 ms,最后一张图片呈现 1100 ms,见图 3.5 的示例,共生成 20 组不同的动态图片。

同时,为了控制不同实验条件下被试的情绪感染能力,被试需要填写情绪感染量表(Doherty,1997;王永,王振宏,邱莎莎,

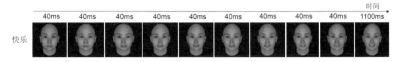

图 3.5　实验中动态呈现的快乐图片

2013)。Doherty 等人的情绪感染量表（Emotional Contagion Scale, ECS)主要用于测量个体从他人那"获得"快乐、爱、悲伤、恐惧、愤怒这 5 种情绪的敏感性，共 15 个条目，采用 5 级评分，1 为完全不符合，5 为完全符合。本研究中总量表的内部一致性系数为 0.807。

### 2.2.2.3　实验程序

本实验采用 2(tDCS 刺激：阴刺激、假刺激)的单因素被试间设计考察 tDCS 刺激对情绪感染的影响。

被试来到实验室后先填写情绪感染量表，在告知 tDCS 仪器安全性之后，被试接受电流刺激，电流刺激结束后，摘除设备，被试完成情绪感染任务。其在电脑上观看随机出现的 20 组动态的快乐图片，首先会看到一个注视点(1000 ms)，看完所呈现的动态图片(共 1460 ms)后，被试要在自我评定图形(self-assessment mani-kin, SAM)上评定自己的情绪体验(1 非常快乐，4 有点快乐，5 中性，6 有点不快乐，9 非常不快乐)。

### 2.2.2.4　实验设备与数据分析

采用德国生产的仪器(DC-Stimulator Plus, NeuroConn)进行 tDCS 刺激，将用生理盐水泡过的电极片(面积为 35 cm²)放置在头皮上进行电流刺激。根据 EEG10—20 系统和相关的 fMRI 研究(Korb et al., 2015)，电流刺激脑区为右侧 M1，将刺激极放置于 C4 处，参考极放置于 FPz 处，刺激极和参考极在用酒精清洗皮肤后，用胶带将电极固定在相应的位置。根据前人研究，在阴刺激时采用微弱直流电(1.5 mA)刺激 20 min，而在假刺激时仍采用1.5 mA的微弱直流电刺激，只是刺激时间改为 30 s，但电极仍放置在被试头上，让其以为接受了与阴刺激组相同的 20 min刺激。

tDCS 刺激只是将被试分为阴刺激组和假刺激组，并不存在数据的分析，只是在确定 tDCS 刺激对情绪模仿的作用之前，先将两组被试的 ECS 得分进行独立样本 $t$ 检验，以控制两组被试在实验前的情绪感染能力。之后主要分析被试的情绪感染情况，为了验证 tDCS 刺激对情绪感染的直接影响，统计被试在看到快乐面孔后的 SAM 量表得分，以表征情绪感染程度。

在得到个体的情绪感染指标后，根据 tDCS 刺激分组，进行情绪感染在阴刺激组和假刺激组上的独立样本 $t$ 检验，以验证 tDCS刺激的效果。

### 2.2.3　研究结果

独立样本 $t$ 检验发现，阴刺激组和假刺激组在情绪感染量表（Emotional Contagion Scale，ECS）得分上无显著差异，$t(21)=0.621$，$p=0.541$，见表 3.2 和图 3.6，表明两组被试在接受 tDCS刺激之前不存在情绪感染能力上的差别，后期两组被试在情绪感染上的差异可以排除其情绪感染能力的差异的影响。

表 3.2　实验 2 中阴刺激组和假刺激组的差异比较(M±SD)

|  | 阴刺激组(N=11) | 假刺激组(N=12) | $t$ |
|---|---|---|---|
| ECS 得分 | 3.818±0.559 | 3.699±0.348 | 0.621 |
| SAM 得分 | 3.714±0.697 | 3.050±0.720 | 2.242 |

　　进一步分析阴刺激组和假刺激在情绪自评得分上的差异，结果发现，阴刺激组的 SAM 自评得分显著高于假刺激组，$t(21) = 2.242$，$p = 0.036$，见表 3.2 和图 3.7，也就是说，与假刺激组相比，抑制右侧 M1 活性后，阴刺激组对他人快乐的感染程度有所减弱，证明了情绪模仿相关脑区对情绪感染的控制作用。

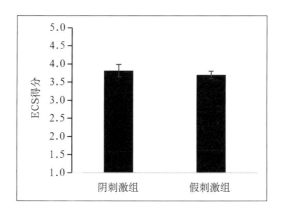

图 3.6　阴刺激组和假刺激组的 ECS 得分

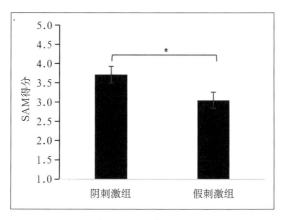

图 3.7　阴刺激组和假刺激组的 SAM 得分

# 3 研究二:情绪模仿对情绪感染的作用: 内外群体的调节

## 3.1 研究目的

研究一验证情绪模仿在情绪感染中的作用后,研究二在EA-SI模型基础上假设,情绪模仿是个体感染他人情绪的一种方式,这种快速直接的感染方式在加工内群体他人的情绪时更占主导作用。因此,研究二进一步探讨内外群体对情绪模仿作用的影响。

## 3.2 研究方法

### 3.2.1 研究被试

来自中国人民大学的37名在校大学生(26女,11男;平均年龄19.92±2.06岁)参加了实验,所有被试都身心健康,视力或矫正视力正常,无精神类疾病史,实验前均签署了《被试知情同意书》,实验后得到相应的报酬。

### 3.2.2 实验材料

为了设置内外群体效应,参考已有研究(van der Schalk et al., 2011),分别从CFAPS和NimStim图片库中选择20张中性面孔(男女各10张),在FaceGen中相应地设置为亚洲人和欧洲人。参考情绪感染现有的范式(Achaibou et al., 2008),在FACS-

Gen 软件(Krumhuber et al.，2012)中将每一张中性图片分别生成强度不断变化(0％，15％，30％，45％，60％，70％，80％，90％，100％和110％)的快乐图片，并在 Eprime 软件中动态呈现，其中前 9 张图片呈现时间均为 40 ms，最后一张图片呈现 1100 ms，见图 3.8，共生成 40 组动态图片。预实验发现，个体对面孔的种族识别率都很高，见表 3.1，且不存在种族的差异，$t＝0.206$，$p＝0.840$，说明 FACSGen 软件对种族特征的设置是有效的，个体能够准确地判断出所观看的图片是否与自己属于相同种族。

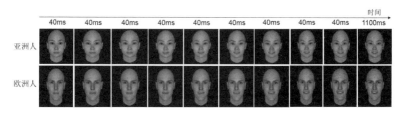

图 3.8　研究二中所用的实验材料示例

采用自我-内群体-外群体重叠(Overlap of Self，Ingroup，and Outgroup，OSIO)问卷(Aron，Aron，& Smollan，1992；Schubert & Otten，2002)检验内外群体操纵的有效性，被试需要对自己感知到的与亚洲人和欧洲人的重叠程度进行 7 点评定，其中 1 为完全不同，7 为完全属于。

### 3.2.3　实验程序

被试来到实验室后，先跟其进行短暂的交流以说明实验流程。在准备好实验设备记录个体观看图片时的面部肌肉运动后，被试开始进行实验环节，在电脑上观看随机出现的 40 组动态的快乐图片(亚洲人和欧洲人各半)。首先被试会看到一个注视点(1000 ms)，看完所呈现的动态图片(共 1460 ms)后，被试要在自我评定图形

(self-assessment manikin,SAM)量表上评定自己的情绪体验(1
非常快乐,4 有点快乐,5 中性,6 有点不快乐,9 非常不快乐),实验
结束后被试填写 OSIO 问卷以检验内外群体操纵的有效性。

### 3.2.4 实验设备与数据分析

在实验过程中采用 Biopac 生理多导仪(BIOPAC Systems,
Inc.,Santa Barbara,CA)记录被试观看情绪图片时的面部肌肉运
动,包括颧大肌和皱眉肌。参与已有研究(Fridlund & Cacioppo,
1986),将双极电极放置在左脸的颧大肌和皱眉肌处。在左乳突处
安放地极,以减少外界信号干扰。先用酒精擦拭左侧颧大肌、皱眉
肌以及左乳突处的皮肤,之后在颧大肌、皱眉肌处分别粘贴一次性
的双极电极片(直径为 1 cm),在乳突处粘贴一次性的单极电极片
(直径为 2 cm)。用 2 根屏蔽导线和 1 根非屏蔽导线分别将颧大
肌、皱眉肌、乳突处的电极片连接到 Biopac 生理多导仪 EMG100C
放大器上,以记录被试观看情绪图片时的面部肌肉运动,得到情绪
模仿的指标。在 AcqKnowledge 3.5 软件(Biopac 系统)上设置好
采集参数,即采用 2048 Hz 的频率连续记录 EMG,并用 20—
500 Hz宽带进行滤波,之后即开始采集信号。

实验结束后,采用 AcqKnowledge3.5 软件离线处理所收集到的
EMG 数据。首先参考已有分析 EMG 数据的流程(Achaibou et al.,
2008),将原始的 EMG 数据每 100 ms 进行平方根转换(root-mean-
square,RMS),再将代表不同类型刺激的数字信号转化为刺激出现的
事件信号,根据事件信号出现的时间将分析数据时程设为 2460 ms,包
括情绪面孔出现前的 1000 ms 基线,以及面孔出现的 1460 ms。将情
绪面孔出现时个体的面部肌肉活性减去面孔出现前 1000 ms 的基线
值便得到快乐情绪下个体面部肌肉的运动情况。删除每个被试每种

实验条件下 EMG 数值在 3 个标准差之外的 trial,剩下的 trial 进行颧大肌和皱眉肌的 EMG 数据平均,即得到个体观看快乐面孔时颧大肌和皱眉肌的活动情况,由此得到情绪模仿的指标。

统计不同种族面孔下个体的情绪自评得分,得到个体对内外群体情绪感染的基本情况。同时,为了考察内外群体对情绪模仿作用的影响,分别得到个体在观看亚洲人和欧洲人的快乐面孔时颧大肌和皱眉肌的活性,进行 2(EMG:颧大肌、皱眉肌) * 2(内外群体:亚洲人、欧洲人)的重复测量方差分析。

## 3.3　研究结果

内外群体的操纵性检验发现,个体认为自己与亚洲人的重合程度(M＝6.19,SD＝0.66)显著高于与欧洲人的重合程度(M＝3.08,SD＝1.09),$t(36)＝13.23$,$p＜0.001$,说明采用亚洲人和欧洲人这一种族特征确实能够诱发个体相应的内外群体差别。

情绪体验自评结果发现,个体均感染了内群体($3.432\pm0.913$)和外群体($3.646\pm0.955$)的快乐情绪(均显著小于 5,$t_1(36)＝-10.44$,$p＜0.001$;$t_2(36)＝-8.62$,$p＜0.001$)。

进一步分析内外群体对情绪感染内在机制(即情绪模仿)的影响,2(EMG:颧大肌、皱眉肌) * 2(内外群体:亚洲人、欧洲人)的重复测量方差分析发现,EMG 的主效应不显著,$F(1,36)＝2.444$,$p＝0.127$;内外群体的主效应不显著,$F(1,36)＝2.233$,$p＝0.144$;EMG 和内外群体的交互作用显著,$F(1,36)＝4.649$,$p＝0.038$,$\eta_p^2＝0.114$。简单效应分析发现,在观看内群体的快乐面孔时,个体的颧大肌活性显著强于皱眉肌活性,表现出对快乐的模仿,$F(1,36)＝5.072$,$p＝0.031$,$\eta_p^2＝0.123$;而在观看外群体的快乐面孔时,个体的颧大肌活性与皱眉肌活性无显著差异,$F(1,36)＝0.585$,$p＝0.449$,见表 3.3 和图 3.9。由此说明个体在感染内外群体情绪的过程中,情绪模仿的作用有所差异,感染内群体快乐时伴随着情绪模仿的出现,而对外群体快乐的感染并没有出现情绪模仿。

表 3.3　内群体和外群体快乐面孔下的 EMG 活性(M±SD)(单位:μV)

| | 内群体 | 外群体 |
|---|---|---|
| 颧大肌 | $0.075\pm0.235$ | $0.027\pm0.257$ |
| 皱眉肌 | $-0.014\pm0.031$ | $-0.005\pm0.027$ |

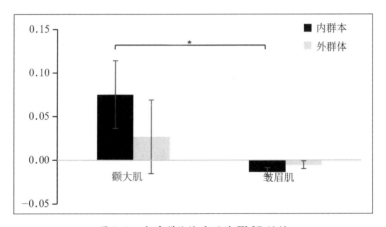

图 3.9　内外群体快乐下的 EMG 活性

## 4 讨　论

本部分的研究旨在测量和干预情绪模仿的程度并验证其在情绪感染中的作用,在此基础上,以 EASI 模型为理论框架,探讨内外群体对情绪模仿作用发挥的影响。结果发现，首先，对快乐的感染过程中确实伴随着情绪模仿的出现，在观看他人快乐时个体面部的颧大肌活性显著强于皱眉肌。进一步采用 tDCS 抑制情绪模仿相关脑区（M1）的活性时发现，与假刺激组不干扰 M1 的活性相比，阴刺激组（抑制 M1 的活性）感染到的情绪程度减弱，证实了情绪模仿与情绪感染之间的因果关系。其次，情绪模仿对情绪感染的作用确实会受到内外群体这一关系背景的影响。个体在感染内群体成员的快乐时有伴随着情绪模仿的出现，而感染外群体成员的快乐时并没有出现情绪模仿的指标，这部分地验证了 EASI 模型的一条路径，即情绪模仿作为一种低代价、快速的感染方式，在双方关系较亲和的内群体背景下其作用更明显。

## 4.1 情绪感染的发生

本部分的研究采用传统的情绪感染范式，考察情绪感染的基本情况，结果发现，看到他人的快乐面孔，个体也会产生快乐的体验，感染了他人的情绪。这与以往情绪感染的研究结果一致（Hess & Blairy，2001）。Sato 等（2013）让被试观看快乐、愤怒、悲伤等情绪面孔，同时让其在情绪栅格中评定自己所体验到的情绪效价和唤醒度，结果发现不管这些情绪面孔是逐渐变化情绪强度（即动态呈现），还是保持最大情绪状态（即静态呈现），被试都能体验到与情绪面孔相对应的效价和唤醒度，表现出情绪体验的趋同。Dimberg 等也做了一系列的情绪感染研究，均让被试观看静态呈现的快乐或愤怒面孔，并在情绪分化量表（Differential Emotion Scale，DES）上评定所体验到的情绪强度，结果都发现快乐面孔所诱发的快乐体验比愤怒面孔所诱发的快乐体验更多，产生了与情绪面孔相一致的情绪体验,且这一效应在高共情个体身上更明显(Dimberg & Thunberg,2012)。总体来看,现有情绪感染的研究范式多采用动态或静态的方式呈现不同类型的情绪面孔(如真人脸、模型脸),之后让被试在各种情绪自评量表(如情绪栅格、情绪分化量表、SAM)上评定自己看完情绪刺激之后的体验,以此得到情绪感染的指标。虽然不同的情绪刺激呈现方式下,不同的情绪自评方式都发现了情绪感染的现象,但研究方法的不同使得很难比较不同研究中情绪感染程度的差异。不过有研究确实发现,动态呈现情绪刺激所诱发的情绪体验强于静态的呈现方式(Sato et al.,2013)。这是因为,动态变化的情绪面孔除了更符合真实生动的现实互动外,其具有进化而来的优势加工。动态的情绪面孔除了表征他人的情绪状态外,还包含了情绪的发生和结束等信息,这就能为互动中的个体提供更多关于他人意图的信号(Krumhuber,Kappas,& Manstead,2013)。此外,虽然与真人脸(human faces)相比,电脑生成的模型脸(avatars)更缺乏生态性,但已有研究已经证实模型脸也能有效地诱发个体的情绪(Weyers,Mühlberger,Hefele,& Pauli,2006),且其能更精准地控制情绪的强度及面孔的呈现方式。这也正是本研究采用动态呈现模型脸的原因。

情绪感染是个体与他人互动过程中"获取"他人情绪状态的过程,这一现象的发生正好印证了情绪的社会功能。传统的观点认为情绪的功能在于帮助人们延长寿命、繁衍后代,以恐惧为例,对别人的恐惧可使个体远离威胁。Fischer 和 Manstead(2008)认为,情绪的功能已经从生理适应转为社会适应了,具体来说,情绪可以帮助个体建立社会联结,解决诸如社会排斥等社会问题。因此,情绪的社会功能体现为一方面使个体建立或保持社会联系,即联结功能，如快乐表明一切都很好；另一方面使个体与他人保持一定的社会距离，即社会远离功能，如愤怒表明个体想要改变对方的行为，并给对方施加压力。情绪的社会功能使得情绪不再仅仅是个体内部的状态，情绪是个体的，但情绪更是社会的。首先，对于观察者而言，他人的情绪可以为其提供重要的信息，通过他人的情绪表现个体能了解周围环境，借此有效地回应他人或处理当前情境。其次，观察者回应他人的情绪，与其形成相似的反应，这又能进一步增强双方的联结，使得互动更加频繁而有深度。个体越频繁地分享他人的情绪，其对他人的喜爱程度也越强；同时，他人看到个体的情绪感染，也会更加紧密地与之建立联系。从上述情绪的社会功能中可看出，对于观察者和表达者而言，情绪感染都是有意义的，这也是情绪感染得以发生和维持的重要原因。

## 4.2 情绪模仿在情绪感染中的作用

本研究发现，个体在感染他人快乐时有情绪模仿的出现，初步验证了情绪模仿对情绪感染的作用。这一结果验证了前人的发现。Hatfield 等（1993）提出情绪感染的模仿-反馈理论，认为个体会通过情绪模仿的方式感染他人的情绪。之后许多研究者都对此进行了验证。Hess 和 Blairy（2001）让被试看一些从中性变化到相应情绪的动态面孔，在此期间记录其面部肌肉运动情况作为情绪模仿的指标，并让其看完每一个动态面孔后进行情绪体验的自评作为情绪感染的指标。结果发现，被试在观看愤怒、悲伤、厌恶和快乐面孔时都出现了情绪模仿，且个体感染了他人的快乐和悲伤。与此相似，Dimberg 和 Thunberg（2012）也发现高共情个体看到他人的愤怒面孔后会体验到相应的情绪，且有相应的面部肌肉变化，也就是说个体在感染他人情绪的过程中出现了情绪模仿，部分地支持了情绪感染的模仿-反馈理论。现有研究确实都发现了情绪感染与情绪模仿的协同出现，但并不能说明情绪模仿对情绪感染的决定性作用。情绪模仿可以是情绪感染的一条路径，其因果关系的指标可能更多地体现在其他层面上，如情绪模仿相关脑区内在的表征。

　　情绪模仿是对他人外在情绪表现的无意识复制，镜像神经系统（mirror neuron system，MNS）必然在其中起着重要作用，实现观察者与表达者间情绪表现的匹配。Molenberghs，Cunnington和Mattingley（2012）对近20年发表的125篇涉及镜像特征脑区的fMRI研究进行了元分析，得到了人类身上一些有稳定镜像特征的脑区，如额下回（inferior frontal gyrus，IFG）、顶下小叶（inferior parietal lobule，IPL）以及临近的腹侧前运动皮层（ventral premotor cortex）等。同时，研究还发现一些涉及情绪加工的有镜像特征的脑区，主要集中于扣带回的不同区域，如前扣带回膝下部（subgenual subregion of the ACC，sACC）与消极情绪事件的加工有关，而前扣带回前膝部（pregenual region of the ACC，pACC）涉及积极情绪加工。Likowski等（2012）在实验中同时测量了个体在看到他人情绪面孔后的面部肌肉活性和大脑血氧水平的变化，以直接得到与情绪模仿相关的大脑区域。结果发现，在观看他人面部表情时，有一系列有镜像特征的脑区激活，包括额下回、顶下小叶、颞下沟、中央前回、小脑、海马、杏仁核、脑岛等区域，同时快乐情绪还激活了中扣带回，而悲伤表情激活了楔前叶，这些脑区的激活表明观看他人面部表情变化会同时引起镜像神经系统的经典区域及扩展区域的增强，且情绪模仿的强度（即所记录到的面部肌肉活性）与额下回、辅助运动皮层（Supplementary Motor Area，SMA）、小脑的激活程度显著相关。总体来说，情绪模仿涉及的脑区比较广,既包括额下回、初级运动皮层(primary motor cortex,M1)等运动区域,构成情绪模仿的输出中心,控制外在的反应;也包括初级和次级感觉皮层,组成情绪模仿的输入中心,输入外在的反应形成内在的反馈;更包括脑岛等加工情绪信息的区域。如果仪器所记录的外在面部肌肉运动没能揭示与情绪感染的直接关系,那输出外在反应的运动区域是否能与情绪感染有稳定的关系? 因此,研究一进一步采用 tDCS 技术干扰情绪模仿的脑区,具体指向初级运动皮层,并预期与控制组相比,抑制初级运动皮层的活动后,个体感染他人情绪的程度有所减弱。结果发现,与假设一致,与没有接受电流刺激的假刺激组相比,阴刺激组初级运动皮层被电流抑制活性后,所感染到的快乐更少。且两组被试情绪感染程度的差异并不是因为感染他人情绪能力的差别引起的,他们在表征情绪感染能力的情绪感染量表中得分并无显著差异,因此这进一步验证了情绪模仿对情绪感染的直接作用。与此相似,Korb 等(2015)也发现,抑制初级运动皮层活性后,女性对他人快乐的识别减慢了,这也说明了初级运动皮层作为情绪模仿的中心,会影响个体的情绪识别。

　　研究一从外显的情绪模仿指标以及情绪模仿的相关脑区两方面验证了情绪模仿在个体感染他人情绪过程中的重要作用,那为什么个体会采用情绪模仿的方式来感染他人的情绪呢? 这种方式有什么优势? 这就涉及情绪模仿本身的特征。情绪模仿是对他人声音、表情、姿势等外在情绪表现的无意识的快速的复制。这一简单的模仿行为具有很重要的功能,使得个体会采用情绪模仿的方式感染他人的情绪。首先,情绪模仿具有进化的意义,能促进人与人之间的联系(Chartrand,Maddux,& Lakin,2005;Lakin & Chartrand,2013)。在人类进化的历史中,自动地模仿他人的行为可以让个体保留更多的能量。看到他人因为某种危险的动物而逃跑，个体没必要去找到这种动物、分析情境、判断是否危险、进而采取行动。自然选择使得具有自动模仿倾向的个体存活下来了。在现代社会中，身体适应的威胁较少，但更多的是社会适应方面的威胁。为了适应新的社会环境，个体通过无意识地模仿他人的行为使得自己与他人更相似，从而更容易被他人接受。当个体感觉到社会排斥时，其更倾向于自动地模仿他人的行为，以缓解社会排斥所带来的负性体验（Lakin & Chartrand，2013；Lakin，Chartrand，& Arkin，2008）。情绪模仿也是如此，对他人外在情绪表现的模仿能表明个体对他人的支持和关心，从而改善人际间的关系。其次，从情绪的具身观来说，情绪模仿确实可以是个体感染他人情绪的一种方式。个体通过自动地模仿他人的情绪表现，在内部诱发了生理反馈，进而产生了与他人一致的情绪体验，这种相似的情绪体验甚至可以进一步为理解他人的情绪提供输入信息（Winkielman，Niedenthal，Wielgosz，Eelen，& Kavanagh，2015）。具身模仿论是情绪具身观的一种解释，认为镜像神经系统协调着个体自己与他人的身体经验知识，通过模仿他人的身体变化，个体所"观察"到的情绪会引起自身感觉运动系统的激活，进而"重现"他人的情绪，实现与他人的情绪"共鸣"（刘亚，王振宏，孔风，2011）。既然个体确实可以通过模仿他人的外在情绪表现而与他人"感同身受"，且模仿他人情绪后可以促进双方的联结，则情绪模仿确实可以是感染他人情绪的一种便捷、有效的方式。

## 4.3 内外群体对情绪模仿作用的影响

本部分的研究验证了情绪模仿在情绪感染中的重要作用，更重要的是,部分地验证了 EASI 模型在情绪感染过程中的理论假想,即情绪模仿是情绪感染的一种方式,这种方式在双方关系比较亲近的背景下更容易发挥作用,表现为感染内群体成员的情绪时情绪模仿的作用更明显。研究结果也支持了这一理论假设,发现感染内群体成员的快乐时伴随着情绪模仿的出现,而感染外群体他人的快乐时个体并没有出现对他人快乐的模仿。Fischer 等(2012)也发现,当朋友或家人因自豪表现出微笑时,个体与亲密他人之间的面部肌肉运动存在显著的相关,也就是说发生了对微笑的模仿;而当陌生人表现出同样的表情时,个体并不会模仿其微笑。这些都说明个体更倾向于模仿与自己社会关系距离较近的他人的情绪,可以是亲密的他人,也可以是在群体属性等方面存在很多相似性的内群体他人。模仿内群体成员的情绪可以更好地促进双方的关系,而对外群体成员的情绪选择不模仿则可以划清界限,与外群体保持距离。情绪模仿在不同的关系背景下其作用强度有所不同,这正符合情绪模仿的社会化特征。

早期有关情绪模仿的研究认为,情绪模仿是自动产生的,对情绪面孔的有意识或者无意识的觉察,均发现个体相应面部肌肉的变化(Dimberg, 1982; Dimberg et al., 2000),且个体并不会意识到自己的这种模仿倾向,对他人情绪的观察会自动地引起自身相似的情绪表现(Chartrand & Bargh, 1999)。随着研究的深入,研究者发现这种无意识模仿会受到很多因素的影响(Chartrand & Lakin, 2013; Chartrand et al., 2005),比如,在情绪模仿中,个体并不会模仿竞争对手的情绪,有的情绪模仿更多的是基于特定社会背景的信息解读之后的反应(Hess & Fischer, 2013),表现出不同程度的社会化。情绪模仿的功能是促进人与人之间的联系,因而个体会判断他人是否愿意与自己建立联系、自己是否需要与他人建立联系,从而实现其社会适应的功能,表现出从自动化到社会化转变的过程。具体来说,这种社会化除了体现在对情境中社交信息的判断之外,也包括对情绪刺激本身社交信息的解读,进而决定是否模仿他人的情绪表现以及模仿的程度。因此,个体在采用情绪模仿的方式感染他人情绪之前,会判断个体与他人的关系背景,对内群体成员情绪的模仿并不会给个体带来多大的损失,且模仿内群体成员的情绪更能促进双方的关系。情绪模仿的这一社会化特征更是得到了社会性自上而下反应调节(Social top-down response modulation,STORM)模型的理论支持。Wang 和 Hamilton(2012)提出了 STORM 模型,该模型的基本假设是,无意识模仿是普遍存在的,个体会结合社会情境运用无意识模仿的方式与他人建立联系。该模型深化了无意识模仿对社会背景的依赖性,认为情境中的各种社会信息会引导个体何时模仿、模仿谁、如何有效地模仿,见图 3.10。根据 STORM 模型,镜像系统(mirror systems)和推理系统(mentalising systems)均在个体的模仿

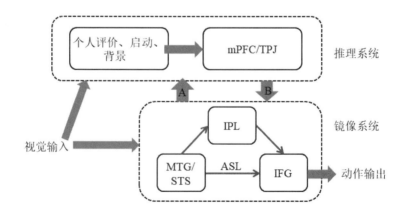

图 3.10　STORM 模型(A 表示模仿促进社会评价,B 表示
社会评价调控模仿)(Wang & Hamilton,2012)

行为中发挥着重要的作用。其中,镜像系统是个体模仿他人行为的核心所在,包括 STS、IFG、IPL 等区域。与此同时,推理系统(亦称为心理理论,Theory of Mind,TOM)调控着镜像系统的活动。推理系统是指个体对自己和他人心理状态的认识能力,能区分自己与他人,意识到他人的行为是由他内在的知识或信念推动的(张婷,2010),相关的脑区主要有颞顶联合区(temporo parietal junction,TPJ)、前额叶中部(medial prefrontal cortex,mPFC)等(van Overwalle & Baetens,2009)。个体会运用推理系统中的社会判断来监督镜像系统中模仿的执行情况,从而实现对模仿的社会性自上而下反应调控。

正因为情绪模仿社会化特征的存在,个体在决定是否模仿他人情绪时会结合当前背景信息判断自己与他人的关系,当对方是内群体时则可以模仿他人的情绪,进而与其建立联系,甚至进一步体验到他人的情绪,与之产生“情感共鸣”。这也正是个体会采用情绪模仿的方式感染内群体成员情绪的原因,因为对内群体而言,模仿其情绪是安全的、有效的,可以促进双方关系的。而根据情绪模仿的社会化特征,模仿外群体成员的情绪是不太可能发生的,因而个体不会采用情绪模仿的方式感染外群体成员的情绪。

# 第 4 章　情绪感染的内在机制：
## 社会评价的作用

## 1　引　言

第 3 章的研究旨在验证情绪模仿在情绪感染中的作用，并说明个体会更多地运用情绪模仿的方式感染内群体的情绪。但社会评价也是情绪感染的另一种方式，这种方式可能在感染外群体成员的情绪时作用更突出。因此第 4 章主要在于验证社会评价在情绪感染中的作用，并假设个体会更多地采用社会评价的方式感染外群体成员的情绪。由此，第 3 章和第 4 章共同验证了 EASI 模型对情绪感染内在机制的解释，即关系背景不同，个体感染他人情绪的主导方式不同。

研究三首先在行为层面验证社会评价在情绪感染中的作用。已有研究发现，他人目光的朝向不仅能使朝向的对象获得个体的注意，更注意的是，他人目光朝向的事物天然地与他人的动作和情绪联系起来了(Becchio et al., 2008)。因此，研究三在情绪感染范式中增加了社会评价条件，即他人情绪指向特定的目标，使得个体将他人情绪的意义附加于目标上，此时，个体对他人情绪的加工就存在一种社会评价的作用，即目光朝向与情绪本身的相互作用（Mumenthaler & Sander，2012，2015）。同时，为了在情绪感染范式中分离出社会评价的作用，增加了目光远离目标的非社会评价条件，两者的差异即可排除背景因素的影响，表征社会评价对情绪加工的影响。并假设社会评价条件下个体对他人情绪的感染程度更高，显示了社会评价对情绪感染的作用。在行为层面验证社会评价的作用后，研究三继续采用 ERP 技术深入分析社会评价这一情绪感染方式的神经机制。在同样考察目光注视与情绪相互作用的线索-注视范式（gaze-cueing effect）中，研究者发现，目光朝向的刺激诱发了更强的早期 N1 成分，说明刺激出现之前的目光朝向使得注意更多地分配给了即将出现的刺激；同时，相比于目光远离的刺激，目光朝向下的刺激所诱发的晚期 P3 成分更弱，进一步说明目光远离的刺激由于初期注意的不足，使得后期加工耗费了更多的注意资源（Fichtenholtz，Hopfinger，Graham，Detwiler，& LaBar，2007）。但在线索-注视范式中脑电波只是表征了目光所引起的注意程度差异，而在社会评价和非社会评价条件下，目标和面孔同时出现，应该不存在对目标注意程度的差异，亦即不存在 N1 波幅的差异。但在社会评价下，情绪面孔的朝向使得个体更多地赋予了目标情绪意义，也就是说社会评价下目标所引起的与情绪加工相关的 P3 波幅会更大。因此，在研究三的 ERP 研究中，本文假设，与非社会评价相比，社会评价下面孔呈现出情绪后，目标所诱发的 N1、P2 早期成分波幅无差，但 P3 波幅更强，体现为更大的刺激评价过程。

同时，根据 EASI 模型的假设，在研究四中探讨了个体在感染内外群体情绪时社会评价作用的差别，并假设感染外群体情绪时社会评价的作用更突出。

# 2 研究三:社会评价对情绪感染的作用

## 2.1 实验 1:行为实验

### 2.1.1 研究目的

在现有情绪感染范式中增加社会评价和非社会评价条件,以分离出社会评价对情绪感染的作用,确定社会评价的有效指标。

### 2.1.2 研究方法

#### 2.1.2.1 研究被试

来自中国人民大学的 29 名在校大学生(22 女,7 男;平均年龄 21.14±2.72 岁)参加了实验,所有被试都身心健康,视力或矫正视力正常,无精神类疾病史,实验前均签署了《被试知情同意书》,实验后得到相应的报酬。

#### 2.1.2.2 实验材料

从中国化面孔情绪图片系统(Chinese Facial Affective Picture System,CFAPS)(王妍,罗跃嘉,2005)中挑选 20 张中性图片(男女各 10 张)。参考已有的社会评价范式(Mumenthaler & Sander,2012,2015),在 FACEGen 中同时设置中性图片的情绪特征(快乐)和目光朝向(向左、向右),共制作了 40 张动态情绪图片组,每组图片按如下顺序变化:中性-直视、中性-朝左或右、50%情绪-朝左或右、100%情绪-朝左或右。为了形成社会评价条件和非社会评价条件,增加经 Adobe Photoshop 模糊化处理的目标图片。其中，社会评价条件下面孔朝向与目标图片出现的位置一致，而非社会评价条件下面孔朝向与目标图片出现位置不一致。

### 2.1.2.3　实验程序

本实验采用2(背景条件：社会评价、非社会评价)的单因素被试内设计考察社会评价对情绪感染的作用。

被试看完每一组动态图片(共40组)后在SAM量表上自评所体验到的情绪。其中，每一组动态图片呈现方式如下：注视点(1000 ms)之后，屏幕中央出现一张直视的中性面孔，100 ms后中性面孔保持不变，同时面孔左边或右边呈现目标图片(100 ms)；之后中性面孔朝向或远离目标图片(400 ms)，相应地设置为社会评价条件和非社会评价条件；面孔完成目光转向后，开始呈现50%的快乐表情(300 ms)，最后情绪强度增加为100%，并保持1000 ms。整组动态图片共呈现2.9s，具体流程见图4.1。

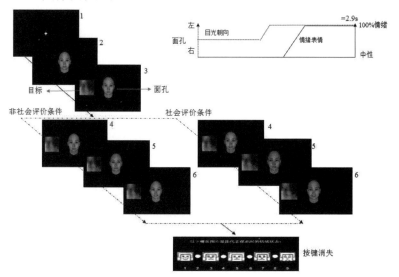

图4.1　研究三中实验1的示例：注视点呈现后(1)，屏幕中央出现面孔(2)，之后屏幕边缘出现目标图片(3)，面孔朝向或远离目标(4)，之后呈现50%的情绪(5)，最后增加为100%的情绪(6)。

#### 2.1.2.4　数据分析

平均每种条件下个体看到快乐面孔后的情绪自评得分,进行背景条件(社会评价和非社会评价)的配对样本 $t$ 检验。

### 2.1.3　研究结果

配对样本 $t$ 检验发现,与非社会评价条件(4.185±1.001)相比,社会评价条件(3.806±0.922)下的快乐面孔诱发了更多的快乐体验, $t(28)=-2.044$ , $p=0.050$ ,见图 4.2,说明社会评价会影响个体对他人快乐的感染。

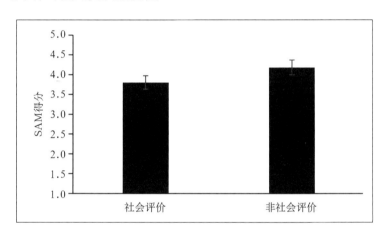

图 4.2　社会评价和非社会评价的 SAM 得分

## 2.2　实验 2:ERP 实验

### 2.2.1　研究目的

实验 1 确定社会评价的范式及指标有效性后,实验 2 参考线索-注视范式进一步采用 ERP 技术探索社会评价的神经机制。

### 2.2.2 研究方法

#### 2.2.2.1 研究被试

来自中国人民大学的 18 名在校大学生（10 女，8 男；平均年龄 21.41±2.52 岁）参加了实验，所有被试都身心健康，视力或矫正视力正常，无精神类疾病史，实验前均签署了《被试知情同意书》，实验后得到相应的报酬。

#### 2.2.2.2 实验材料

从中国化面孔情绪图片系统（Chinese Facial Affective Picture System，CFAPS）（王妍，罗跃嘉，2005）中挑选 20 张中性图片（男女各 10 张）。在 FACEGen 中同时设置中性图片的情绪特征（快乐）和目光朝向（向左、向右），共制作了 100 张动态情绪图片组，每组图片按如下顺序变化：中性-直视、中性-朝左或右、100％情绪-朝左或右（为了增强情绪变化对目标图片的影响，ERP 实验中删除了 50％情绪-朝左或右这一屏）。为了形成社会评价条件和非社会评价条件，增加经 Adobe Photoshop 模糊化处理的目标图片。其中，社会评价条件下面孔朝向与目标图片出现的位置一致，而非社会评价条件下面孔朝向与目标图片出现位置不一致。

#### 2.2.2.3 实验程序

本实验采用 2（背景条件：社会评价、非社会评价）的单因素被试内设计考察社会评价的时间进程。

被试看完每一组动态图片（共 100 组）后在量表上对目标图片的效价进行 7 点评定（1 非常消极，3 有点消极，4 不确定，5 有点积极，7 非常积极），见图 4.3。其中，每一组动态图片呈现方式如下：注视点（1000 ms）之后，屏幕中央出现一张直视的中性面孔，100 ms 后中性面孔保持不变，同时面孔左边或右边呈现目标图片（100 ms）；之后中性面孔朝向或远离目标图片（400 ms），相应地设置为社会评价条件和非社会评价条件；面孔完成目光转向后，呈现 100％的快乐表情（1000 ms）。整组动态图片共呈现 2.6 s，具体流程见图 4.4。

图 4.3　对目标图片的效价评定示例

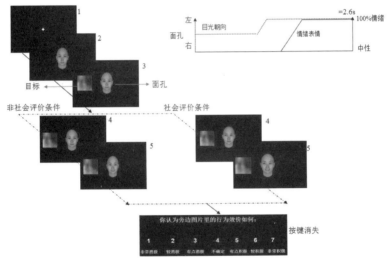

图 4.4　研究三中实验 2 的示例：注视点呈现后（1），屏幕中央
出现面孔（2），之后屏幕边缘出现目标图片（3），面孔朝向
或远离目标（4），之后呈现 100％的情绪（5）。

### 2.2.2.4　实验设备与数据分析

使用美国 Neuroscan 公司生产的 ERP 记录仪器与分析系统，按国际 10—20 系统扩展的 32 导电极帽记录 EEG 信号，接地点位于 FCz 和 Fz 连线的中点上，双眼外侧安置电极记录水平眼电（HEOG），左眼上下安置电极记录垂直眼电（VEOG）。以左侧乳突为参考电极点。在离线数据处理时以左右两耳乳突的平均电位为参考。每个电极的头皮电阻保持在 5 kΩ 以下。信号经 AC 放大，连续记录时滤波带通为 0.01—100 Hz，采样率为 500 Hz/导。

离线处理采用 NeuroScan 4.5 软件提供的算法，用眼动校正眼电伪迹。进行 30 Hz（24 dB/oct）低通滤波，自动排除其他波幅大于±85 μV 的伪迹信号。根据文献普遍采用的标准，本实验分析时程为 1000 ms，选择情绪面孔出现后的 800 ms 为分析时程，情绪面孔出现前 200 ms 为基线。本研究主要分析的脑电成分为 N1、P2 和 P3。结合以往研究及本研究中脑电成分的分布，我们选取 Pz、Oz 两个电极点对上述三种脑电成分进行测量分析。参照所有被试多次叠加后的波形图和以往的相关研究，我们将 N1 定义为 160—190 ms 内的平均波幅，将 P2 定义为 225 至 255 ms 内的平均波幅，将 P3 定义为 400 至 700 ms 内的平均波幅。分别对 N1、P2 和 P3 进行背景条件（社会评价和非社会评价）的配对样本 $t$ 检验。

同时平均每种条件下个体对目标图片的效价评定得分，进行背景条件（社会评价和非社会评价）的配对样本 $t$ 检验。

### 2.2.3　研究结果

行为结果。配对样本 $t$ 检验发现，与非社会评价条件（4.450±0.562）相比，社会评价条件（5.276±0.573）下个体对目标图片的评价更积极，$t(17) = -4.563$，$p < 0.001$，见图 4.5，说明社会评价条件下个体确实会更多地参考他人的情绪来评价当前刺激。

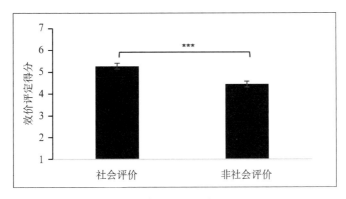

图 4.5　各条件下的效价评定得分

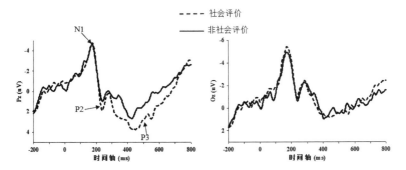

图 4.6　社会评价与非社会评价在各电极点上的波形图

N1。ERPs 总平均的波形图如图 4.6 所示。Pz 点上的配对样本 $t$ 检验发现,社会评价条件(-5.494±4.568)与非社会评价条件(-5.321±4.011)所诱发的 N1 波幅没有显著差异,$t(17)=$-0.294,$p=0.772$,见图 4.7。Oz 点上的分析也得到一致的结果[社会评价,-6.061±3.678;非社会评价,-5.986±3.057;$t(17)$ $=-0.175$,$p=0.863$],见图 4.7。说明社会评价条件下来自情绪面孔的目光朝向目标图片时并没有引起目标图片早期自下而上注意程度的差异。

P2。ERPs 总平均的波形图如图 4.6 所示。Pz 点上的配对样本 $t$ 检验发现,社会评价条件(2.217±3.203)与非社会评价条件

(1.510±2.373)所诱发的 P2 波幅没有显著差异，$t(17)=1.101$，$p=0.286$，见图 4.7。Oz 点上的分析也得到一致的结果[社会评价，－0.512±2.930；非社会评价，－0.231±2.239；$t(17)=-0.600$，$p=0.556$]，见图 4.7。说明社会评价条件下来自情绪面孔的目光朝向目标图片时并没有引起目标图片早期自下而上注意程度的差异。

P3。ERPs 总平均的波形图如图 4.6 所示。Pz 点上的配对样本 $t$ 检验发现，与非社会评价条件(0.673±3.671)相比，社会评价条件(2.043±2.981)诱发了更大的 P3 波幅，$t(17)=2.332$，$p=0.032$，见图 4.7。说明社会评价条件下来自情绪面孔的目光朝向目标图片时引起了目标图片晚期成分 P3 的差异，反应了社会评价条件下对目标图片的更多自上而下的评价过程。而 Oz 点上的配对样本 $t$ 检验发现，社会评价条件(0.090±3.510)与非社会评价条件(0.059±3.135)所诱发的 P3 波幅没有显著差异，$t(17)=0.054$，$p=0.957$，见图 4.7。

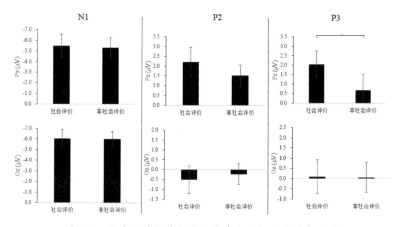

图 4.7　社会评价与非社会评价在各电极点上的条形图

## 3　研究四：社会评价对情绪感染的作用：
## 内外群体的调节

### 3.1　研究目的

研究三确定社会评价对情绪感染的影响之后，研究四则进一步探讨了内外群体对社会评价作用的调节，以完整地验证 EASI 模型对情绪感染内在机制的解释，即是否个体对外群体他人的情绪更多地使用社会评价的方式进行感染。

### 3.2　研究方法

#### 3.2.1　研究被试

来自中国人民大学的 37 名在校大学生（26 女，11 男；平均年龄 19.92±2.06 岁）参加了实验，所有被试都身心健康，视力或矫正视力正常，无精神类疾病史。实验前均签署了《被试知情同意书》，实验后得到相应的报酬。

#### 3.2.2　实验材料

为了同时设置内外群体效应以及社会评价条件和非社会评价条件，分别从 CFAPS 和 NimStim 图片库中选择 20 张中性面孔，在 FaceGen 中相应地设置为亚洲人和欧洲人，以设置内外群体这一关系背景。在 FACEGen 中同时设置中性图片的情绪特征（快乐）和目光朝向（向左、向右），共制作了 80 张动态情绪图片组,每组图片按如下顺序变化:中性-直视、中性-朝左或右、50%情绪-朝左或右、100%情绪-朝左或右。为了形成社会评价条件和非社会评价条件,增加经 Adobe Photoshop 模糊化处理的目标图片。其中,社会评价条件下面孔朝向与目标图片出现的位置一致,而非社会评价条件下面孔朝向与目标图片出现位置不一致。

### 3.2.3 实验程序

本实验采用 2(背景条件:社会评价、非社会评价)＊2(内外群体:亚洲人、欧洲人)的被试内设计考察情绪感染程度的差异。

被试看完每一组动态图片(共 80 组,亚洲人和欧洲人各半)后在 SAM 量表上自评所体验到的情绪。其中,每一组动态图片呈现方式如下:注视点(1000 ms)之后,屏幕中央出现一张直视的中性面孔,100 ms 后中性面孔保持不变,同时面孔左边或右边呈现目标图片(100 ms);之后中性面孔朝向或远离目标图片(400 ms),相应地设置为社会评价条件和非社会评价条件;面孔完成目光转向后,开始呈现 50%的快乐表情(300 ms),最后情绪强度增加为 100%,并保持 1000 ms。整组动态图片共呈现 2.9 s,具体见图 4.8。

### 3.2.4 数据分析

平均每种条件下个体在快乐面孔后的情绪自评得分,进行 2(背景条件:社会评价、非社会评价)＊2(内外群体:亚洲人、欧洲人)的重复测量方差分析。

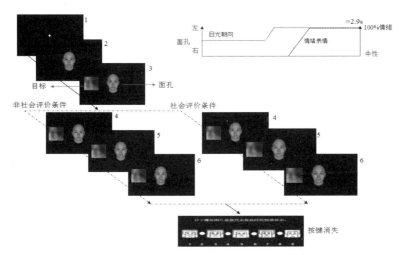

图 4.8 研究四的实验示例:注视点呈现后(1),屏幕中央出现面孔
(2),之后屏幕边缘出现目标图片(3),面孔朝向或远离目标(4),
之后呈现 50% 的情绪(5),最后增加为 100% 的情绪(6)。

## 3.3 研究结果

重复测量方差分析发现,背景条件的主效应显著,$F(1,36)=$ 10.73,$p=0.002$,$\eta_p^2=0.23$;内外群体的主效应显著,$F(1,36)$ $=11.75$,$p=0.002$,$\eta_p^2=0.246$;背景条件和内外群体的交互作用显著,$F(1,36)=5.751$,$p=0.022$,$\eta_p^2=0.138$,见表 4.1 和图 4.9。简单效应分析发现,个体在感染内群体的快乐时社会评价条件下所感染的快乐强于非社会评价条件,$F(1,36)=4.270$,$p=$ 0.046,$\eta_p^2=0.106$;在感染外群体的快乐时社会评价条件下所感染的快乐也强于非社会评价条件,$F(1,36)=15.297$,$p<0.001$,$\eta_p^2=0.298$。说明社会评价同时影响了个体对内群体和外群体情绪的感染。

但当将社会评价和非社会评价条件下情绪自评得分的差值作

为社会评价对情绪感染直接影响的指标时，与对内群体快乐的感染相比，外群体快乐感染过程中，社会评价与非社会评价的差值更大，$t(36)=2.398$，$p=0.022$，表现出社会评价的更大影响，由此说明个体对外群体成员情绪的感染过程中社会评价的作用更显著。

表 4.1　内群体和外群体快乐面孔下的 SAM 得分(M±SD)

|  | 社会评价 | 非社会评价 |
|---|---|---|
| 内群体 | $3.799\pm0.960$ | $3.942\pm0.918$ |
| 外群体 | $3.468\pm1.122$ | $3.746\pm1.042$ |

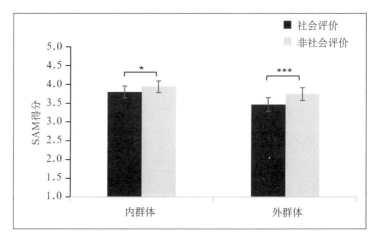

图 4.9　内外群体快乐下的 SAM 得分

## 4　讨　论

　　本研究的第 3 章发现了情绪模仿在情绪感染中的作用，并部分验证了 EASI 模型对情绪感染内在机制的假设，即在感染内群体成员情绪时情绪模仿的预测性更强。在此基础上，第 4 章的研究旨在验证 EASI 模型对情绪感染内在机制的另一条路径假设，即对外群体成员情绪的感染过程中社会评价的作用更强,由此第 3 章和第 4 章的研究结合起来便可完整地验证 EASI 模型对情绪感染内在过程的解释。与假设一致,本部分研究首先发现,与非社会评价条件相比,社会评价条件下个体所感染的快乐体验更强,说明社会评价确实会影响个体对他人情绪的感染。且社会评价引起了更大的晚期成分 P3,表现出对目标图片更多的晚期评价,说明社会评价条件下个体会更多地参考他人的情绪来评价目标特征,而这很有可能就是个体感染他人情绪的路径之一。更重要的是,虽然在感染内外群体成员的情绪时社会评价均有所作用,但感染外群体成员情绪时,社会评价与非社会评价间情绪感染程度的差异更大,由此说明社会评价在感染外群体成员情绪时的作用更强。

## 4.1　社会评价对情绪感染的作用

本研究发现,社会评价可以是个体感染他人情绪的一种方式,这也验证了前人的研究结果。Lawrence-Wood(2011)发现,面对危险情境时,高恐慌的朋友会让个体认为情境更危险,所体验到的恐惧也更强烈;而当朋友不那么恐慌时,个体对情境危险性的评价降低,恐惧体验也更弱。且朋友的情绪反应-个体的危险评价-个体的恐惧体验这一中介模型成立,这直接证明了社会评价对情绪感染的影响,即看到他人情绪,个体首先是根据他人情绪判断当前情境的危险程度,对周围环境的评价则进一步引起了个体内部相应的情绪体验,由此实现了他人情绪对个体自身情绪体验的影响过程。社会评价对情绪感染的影响正好印证了情绪的信号功能。

他人的情绪表现是有意义的信号,提供了关于周围环境的重要信息。情绪的认知评价理论认为不同的情绪其诱因不同,伴随情绪产生的认知成分、行为倾向等也不同,因而不同的情绪包含了对当前情境的不同评价信息。他人的快乐表情说明当前情境是符合其内在需求的,是安全的;而愤怒则表明当前情境给个体带来了阻碍,或者违背了个体内在的意愿。在双人互动的决策活动中,个体可以从他人的情绪表现中推断其对当前结果或情境的评价,从而为自己的决策提供进一步的信息(van der Schalk, Kuppens, Bruder, & Manstead, 2015)。也就是说他人的情绪可以帮助个体了解他人对当前情境的认知,这就是情绪的反评价(reverse appraisal)过程(de Melo, Carnevale, Read, & Gratch, 2014)。而社会评价的过程就是借助情绪的这一反评价特征,将从他人情绪表现上获得的信息整合到个体自身对当前情境的评价中。因而,个体除了评价情绪情境本身外,也会评价同处于情境中他人的行为、想法以及感受(Bruder et al., 2014)。与社会评价的概念相对应,社会评价对情绪感染影响的内在逻辑主要包括,首先,情绪是基于个体对周围环境的评价而产生的,他人的情绪反映了其对周围环境的评价;其次,看到他人外在的情绪表现,个体会形成与他人相似的评价过程,也就是说个体可以通过他人的情绪表现来推断其所体验到的情绪及相应的评价,进而个体会重新评价当前情境或者直接采纳他人的评价;最后,个体对情境的评价有所变化,所体验到的情绪也有所不同。正是因为他人情绪可以影响个体对当前情境的评价以及认知评价的改变可以引起内部情绪体验的变化这两大领域的丰富研究,社会评价对情绪感染影响的理论构思才得以成熟,未来需要更多的实证研究探讨社会评价对情绪感染的内在影响过程,以及不同情境下社会评价对情绪感染影响的差异。

## 4.2　社会评价的时间进程

研究三在行为层面验证社会评价对情绪感染的作用之后，进一步采用事件相关电位技术探讨了社会评价的时间进程，结果发现，与非社会评价条件相比，社会评价条件并没有引起个体对目标图片早期注意的差别，即未发现 N1 和 P2 等早期脑电成分的差异。但社会评价条件诱发了更大波幅的晚期成分 P3。

已有研究发现了一系列与刺激加工相关的 ERP 成分，100 ms—200 ms 内的早期 ERP 成分对刺激的物理特征敏感，反映了视觉皮层内的早期感觉加工，如与中性刺激相比，积极或消极的刺激会诱发更多的早期感觉加工。200 ms—300 ms 内的中期 ERP 成分则反映了由刺激的内在属性引发的对注意资源的需求，如高唤醒的刺激会引起更大的波幅。而 300 ms 之后的晚期 ERP 成分则反映了对刺激的深入加工，如与实验任务相关的工作记忆等（Olofsson，Nordin，Sequeira，& Polich，2008）。本研究在探讨社会评价的时间进程时发现了更大波幅的 P3 成分，说明与非社会评价相比，社会评价下个体花费了更多的注意资源来加工目标图片。行为结果也确实发现，个体在社会评价条件下对目标图片的评价也更积极，说明其更多地参考他人的情绪来加工目标图片。

本研究所采用的社会评价范式中，他人的目光是指向目标图片的，由此操作了他人情绪与目标之间的直接联系，这一范式和同样考察目光注视与情绪相互作用的线索-注视范式（gaze-cueing effect）有一定的相似性。在线索-注视范式中，研究者发现，目光朝向的刺激诱发了更强的早期 P1 成分，说明刺激出现之前的目光朝向使得注意更多地分配给了即将出现的刺激；同时，相比于目光远离的刺激,目光朝向下的刺激所诱发的晚期 P3 成分更弱,进一步说明目光远离的刺激由于初期注意的不足,使得后期加工耗费了更多的注意资源(Fichtenholtz,Hopfinger,Graham,Detwiler,& LaBar,2007)。但在线索-注视范式中 P1 和 P3 只是表征了目光所引起的注意程度差异,而在社会评价和非社会评价条件下,目标和面孔同时出现,应该不存在对目标早期注意程度的差异。他人目光的朝向不仅能使朝向的对象获得个体的注意,更注意的是,他人目光朝向的事物天然地与他人的动作和情绪联系起来了(Becchio et al.,2008)。因此,在社会评价下,情绪面孔的朝向使得个体更多地赋予了目标情绪意义,也就是说社会评价下个体会更多地根据他人的情绪对目标图片进行相应的评价加工,由此体现为 P3 波幅更大。而很有可能正是这一较晚发生的社会评价过程,进一步诱发了个体内部相似的情绪状态。

## 4.3 内外群体对社会评价作用的影响

为了从整体上回应 EASI 模型对情绪感染内在过程的假设,本部分的研究验证了社会评价对情绪感染的作用后,继续探讨了内外群体对社会评价作用的影响,并发现,个体在感染外群体成员的情绪时,社会评价的作用更强。

虽然目前情绪领域的社会评价研究还处于探索阶段,内外群体对社会评价影响的实证研究还比较缺乏,但分析社会评价本身的过程,或许也可以发现个体加工内外群体情绪时社会评价的作用会有所不同。情绪领域中社会评价的作用主要是指个体将从他人情绪中获得的对周围环境的评价整合到个体自己对当前情境的认知,而个体评价的改变会进一步产生内部情绪体验的变化。也就是说,社会评价的主要作用在于给个体了解周围环境提供参考信息,降低个体对周围环境的不确定性。正因为社会评价的这一信号功能,Bruder,Fischer 和 Manstead(2014)提出了不确定假说(the uncertainty hypothesis)来预测何时个体更需要社会评价。根据不确定假说,当个体对当前情境的情绪意义不确定时,个体更倾向于加工他人的情绪。如果个体不能完全准确地评价当前情境或者个体对自己现有的评价不够自信时,个体都会从他人的情绪表现中获取相关的信息,或者参考他人的情绪表现完善自己的评价。从上述不确定假说中可以发现,社会评价的发生更依赖于情境的不确定性,当情境的不确定性不断增强时,社会评价的作用会越来越明显,个体会更多地从他人的情绪表现中获得相关的信息来理解当前的情境。Mumenthaler 和 Sander(2012)在研究社会评价对个体情绪识别的影响时发现,与非社会评价相比(即他人目光是远离目标情绪),社会评价下他人目光朝向目标情绪时,个体对恐惧情绪的识别效果更好,而对中性情绪的识别并没有优于非社会评价条件,也就是说社会评价会改善个体对恐惧的识别,而没有提高对中性情绪的识别。这是因为对个体而言,恐惧是一种模糊的情绪,有可能与惊讶联系在一起,因而个体识别恐惧时会更多地参考他人的反应来判断它具体是哪种情绪。而个体对中性情绪的识别是足够自信的,其并不需要借助社会评价的作用来确定中性情绪。社会评价对不同模糊程度情绪的识别作用有所不同,这恰好印证了 Bruder 等人的不确定假说,即身处不确定的情境或者面对模糊程度比较高的刺激时,个体会更多地从他人的情绪表现中获取相关的信息来帮助个体减少不确定性,这就是社会评价优先发挥作用的条件。

　　本研究比较社会评价对个体感染内外群体情绪的作用时发

现,社会评价在个体感染外群体成员情绪时作用更明显,那是不是可以推断,这是因为在本研究中感染外群体成员情绪这一情境是更不确定的,所以社会评价优先发挥作用了呢? 为了更好地突显社会评价对情绪感染的影响,研究中引起他人情绪变化的目标图片已经模糊化处理,在社会评价和非社会评价条件下,两者的不确定性是一致的。但当个体是知觉外群体成员情绪时,与知觉内群体情绪时相比,可能确实存在更大的不确定性,毕竟外群体成员对个体而言本身就包含更多的未知(Shah, Kruglanski, Thompson,1998)。个体会付出更多的精力来处理外群体的情绪,以了解其意图,这可能就是个体在感染外群体情绪时社会评价作用更强的原因。也就是说,加工外群体情绪时,个体会更多地采用社会评价的方式来推断其对当前情境的评价,以帮助个体获取包括外群体在内的当前情境的信息。

# 第 5 章　情绪感染的内在机制:情绪模仿与社会评价的整合

# 1　引　言

　　第 3 章和第 4 章的研究分别从内外群体这一关系背景考察了情绪模仿和社会评价在情绪感染中的作用,均发现在不同的内外群体关系背景下,情绪模仿和社会评价的作用出现了分离,表现为在内群体情绪的感染中伴随着情绪模仿的出现,而在感染外群体情绪时社会评价表现出更强的作用。由此,分别在两部分研究中验证了 EASI 模型对情绪感染内在机制的两条路径的预测。但第 3 章和第 4 章的研究均是单独验证情绪模仿和社会评价在情绪感染中的作用,虽然两部分研究整合起来也能说明内外群体对情绪感染内在机制的影响,但不能直接说明情绪模仿和社会评价这两种感染方式之间的相互作用。也就是说,如果能在同一个研究中发现情绪模仿和社会评价的作用及其相互影响,并从内外群体关系背景方面分离两者的作用强度,则更能直接说明 EASI 模型对情绪感染内在机制的理论预测。因此,第 5 章的研究五主要目的是在同一研究中考察情绪模仿和社会评价的作用，并试图从内外群体这一关系背景中分离情绪模仿和社会评价的作用强度。

# 2 研究五：情绪模仿与社会评价对情绪感染的作用：内外群体的调节

## 2.1 研究目的

第 3 章和第 4 章的研究分别验证了不同内外群体关系背景下情绪模仿和社会评价对情绪感染的作用。本部分的研究五旨在同一研究中同时考察情绪模仿和社会评价对情绪感染的作用，并从数据上整合两种感染机制，以期从内外群体这一关系背景分离情绪模仿和社会评价对情绪感染的作用，直接回应 EASI 模型对情绪感染内在机制的理论假设。

## 2.2 研究方法

### 2.2.1 研究被试

来自中国人民大学的 33 名在校大学生（22 女，11 男；平均年龄 19.67±2.09 岁）参加了实验，所有被试都身心健康，视力或矫正视力正常，无精神类疾病史。实验前均签署了《被试知情同意书》，实验后得到相应的报酬。

### 2.2.2 实验材料

为了同时设置内外群体效应以及社会评价条件和非社会评

价条件，分别从 CFAPS 和 NimStim 图片库中选择 20 张中性面孔，在 FaceGen 中相应地设置为亚洲人和欧洲人，以设置内外群体这一关系背景。在 FACEGen 中同时设置中性图片的情绪特征（快乐）和目光朝向（向左、向右），共制作了 80 张动态情绪图片组，每组图片按如下顺序变化：中性-直视、中性-朝左或右、50% 情绪-朝左或右、100% 情绪-朝左或右。为了形成社会评价条件和非社会评价条件，增加经 Adobe Photoshop 模糊化处理的目标图片。其中，社会评价条件下面孔朝向与目标图片出现的位置一致，而非社会评价条件下面孔朝向与目标图片出现位置不一致。

### 2.2.3　实验程序

本实验采用 2（内外群体：亚洲人、欧洲人）* 2（情绪模仿：高情绪模仿、低情绪模仿）*2（背景条件：社会评价、非社会评价）的被试内设计考察情绪感染程度的差异。

被试来到实验室后，先跟其进行短暂的交流以说明实验流程。在准备好实验设备记录个体观看图片时的面部肌肉运动后，被试开始进行实验环节。被试看完每一组动态图片（共 80 组，亚洲人和欧洲人各半）后在 SAM 量表上自评所体验到的情绪。其中，每一组动态图片呈现方式如下：注视点（1000 ms）之后，屏幕中央出现一张直视的中性面孔，100 ms 后中性面孔保持不变，同时面孔左边或右边呈现目标图片（100 ms）；之后中性面孔朝向或远离目标图片（400 ms），相应地设置为社会评价条件和非社会评价条件；面孔完成目光转向后，开始呈现 50% 的快乐表情（300 ms），最后情绪强度增加为 100%，并保持 1000 ms。整组动态图片共呈现 2.9 s，具体见图 5.1。

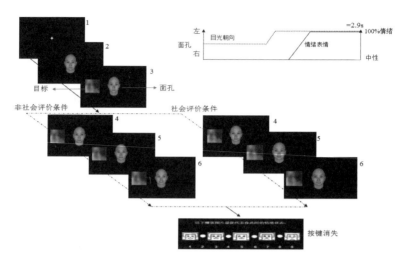

图 5.1 研究五的实验示例:注视点呈现后(1),屏幕中央出现面孔(2),
之后屏幕边缘出现目标图片(3),面孔朝向或远离目标(4),之后呈现
50%的情绪(5),最后增加为 100%的情绪(6)。

## 2.2.4 实验设备与数据分析

在实验过程中采用 Biopac 生理多导仪(BIOPAC Systems,
Inc., Santa Barbara, CA)记录被试观看情绪图片时的面部肌肉运
动,包括与快乐有关的颧大肌和与愤怒有关的皱眉肌。参与已有
研究(Fridlund & Cacioppo, 1986),将双极电极放置在左脸的颧
大肌和皱眉肌处。在左乳突处安放地极,以减少外界信号干扰。
先用酒精擦拭左侧颧大肌、皱眉肌以及左乳突处的皮肤,之后在颧
大肌、皱眉肌处分别粘贴一次性的双极电极片(直径为 1 cm),在
乳突处粘贴一次性的单极电极片(直径为 2 cm)。用 2 根屏蔽导
线和 1 根非屏蔽导线分别将颧大肌、皱眉肌、乳突处的电极片连接
到 Biopac 生理多导仪 EMG100C 放大器上,以记录被试观看情绪
图片时的面部肌肉运动,得到情绪模仿的指标。在 AcqKnowl-
edge3.5 软件(Biopac 系统)上设置好采集参数,即采用 2048 Hz

的频率连续记录 EMG，并用 20—500 Hz 宽带进行滤波，之后即开始采集信号。

实验结束后，采用 AcqKnowledge3.5 软件离线处理所收集到的 EMG 数据。首先参考已有分析 EMG 数据的流程（Achaibou et al.，2008），将原始的 EMG 数据每 100 ms 进行平方根转换（root-mean-square，RMS），再将代表不同类型刺激的数字信号转化为刺激出现的事件信号，根据事件信号出现的时间将分析数据时程设为 2300 ms，包括中性面孔出现前的 1000 ms 基线，以及情绪面孔出现的 1300 ms。将情绪面孔出现时个体的面部肌肉活性减去中性面孔出现前 1000 ms 的基线值便得到快乐情绪下个体面部肌肉的运动情况。删除每个被试每种实验条件下 EMG 数值在 3 个标准差之外的 trial，剩下的 trial 分别根据每个被试每种实验条件下颧大肌活性的中位数分为高情绪模仿组和低情绪模仿组。

之后平均每种条件下个体在快乐面孔后的情绪自评得分，进行 2（内外群体：亚洲人、欧洲人）* 2（情绪模仿：高情绪模仿、低情绪模仿）* 2（背景条件：社会评价、非社会评价）的重复测量方差分析。

### 2.3　研究结果

重复测量分析发现，内外群体的主效应显著，$F(1,32)=8.518$，$p=0.006$，$\eta_p^2=0.210$；情绪模仿的主效应显著，$F(1,32)=9.781$，$p=0.004$，$\eta_p^2=0.234$；背景条件的主效应显著，$F(1,32)=8.503$，$p=0.006$，$\eta_p^2=0.210$；内外群体和情绪模仿的交互作用边缘显著，$F(1,32)=3.590$，$p=0.067$，$\eta_p^2=0.101$；内外群体和背景条件的交互作用显著，$F(1,32)=5.811$，$p=0.022$，$\eta_p^2=0.154$；情绪模仿和背景条件的交互作用不显著，$F(1,32)=$

$0.522$，$p=0.475$；内外群体、情绪模仿、背景条件三者的交互作用也不显著，$F_{(1,32)}=0.150$，$p=0.701$，见表 5.1 和图 5.2、图 5.3。简单效应分析发现，个体在感染内群体快乐时，高情绪模仿条件下的感染程度强于低情绪模仿条件，$F_{(1,32)}=12.354$，$p=0.001$，$\eta_p^2=0.279$；而在感染外群体情绪时，高情绪模仿和低情绪模仿下所感染的快乐没有显著差异，$F_{(1,32)}=2.701$，$p=0.110$，说明情绪模仿更多地影响了个体对内群体情绪的感染。同时，个体在感染内群体的快乐时社会评价与非社会评价下所感染的快乐没有显著差异，$F_{(1,32)}=3.256$，$p=0.081$；而在感染外群体的快乐时社会评价条件下所感染的快乐强于非社会评价条件，$F_{(1,32)}=12.807$，$p=0.001$，$\eta_p^2=0.286$，说明社会评价更多地影响了个体对外群体情绪的感染。

表 5.1　不同实验条件下快乐面孔下的 SAM 得分(M±SD)

| | 社会评价 | | 非社会评价 | |
|---|---|---|---|---|
| | 低情绪模仿 | 高情绪模仿 | 低情绪模仿 | 高情绪模仿 |
| 内群体 | 3.870±0.975 | 3.664±1.050 | 4.023±0.889 | 3.793±0.952 |
| 外群体 | 3.472±1.171 | 3.416±1.170 | 3.795±0.998 | 3.664±1.141 |

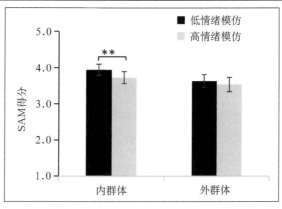

图 5.2　内外群体快乐下的 SAM 得分

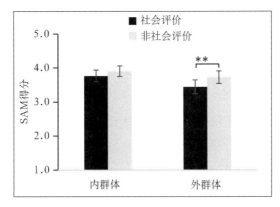

图 5.3　内外群体快乐下的 SAM 得分

## 3　讨　论

本部分的研究旨在同时考察情绪模仿和社会评价对情绪感染的影响，并在同一研究中试图用内外群体来分离情绪模仿和社会评价的作用。结果与第 3 章和第 4 章的研究相似，发现，情绪模仿和社会评价均能影响个体对他人快乐情绪的感染，且在感染内群体情绪时，高情绪模仿下所感染到的情绪强于低情绪模仿下的感染程度，而在感染外群体情绪时，社会评价条件下所感染到的快乐强于非社会评价条件下所感染到的快乐。由此，在同一研究中，直接通过内外群体这一关系背景分离了情绪模仿和社会评价对情绪感染的影响，验证了 EASI 模型对情绪感染内在机制的路径预测。

EASI 模型是关于个体如何加工他人情绪的理论，其指出个体主要通过情感反应和推断加工这两种方式来处理他人的情绪，以实现他人情绪到个体自身情绪或行为的影响。更重要的是，情感反应和推断加工的预测性强度会受到个体所处的情境以及个体自身的认知动机的调节。在合作等亲和性较强的情境中或者个体认知动机较弱时，个体会更多地采用情感反应这一直接的方式加工他人的情绪；而在竞争等亲和性较弱的情境中或者个体准确认识世界的需要很强时，推断加工对个体情绪或行为的预测作用会更强。基于 EASI 模型可知，个体感染他人情绪的方式也会受到个体与他人关系背景的影响，具体来说，在内群体这一较亲和的关系背景下，情绪模仿这一直接的感染方式可能会更强地预测个体对他人情绪的加工，而在外群体这一亲和性较弱的关系背景下，个体可能会更倾向于采用社会评价的方式来推断他人情绪所隐含的意义，由此感染他人的情绪。与上述理论猜测一致，本研究发现个体在感染内外群体他人的同一情绪时，情绪模仿和社会评价的作用有所分离，表现出内群体情绪与情绪模仿的强联系，以及外群体情绪与社会评价的强联系。这进一步从实证上支持了 EASI 模型对情绪感染内在机制的预测，说明情绪感染的多路径确实是存在的，且单一路径的作用强度会受到内外群体这一关系背景的调节。但情绪模仿和社会评价到底是相互独立的两条感染路径，还是同一进程中的两个部分，表现为一前一后，这确实是未来研究可以继续深入探讨的。已有研究同时采用 EMG 和 ERP 探讨个体在模仿他人情绪时的面部肌肉运动和大脑皮层活动，结果发现，被试对情绪面孔表现出高模仿时，P1 波幅增加，N170 波幅减弱，说明情绪模仿在情绪面孔的早期加工阶段就发挥了作用，表现为对面孔的注意增加，从而更容易识别面孔（Achaibou et al., 2008）。而本研究在探讨社会评价的时间进程时发现，社会评价的作用主要体现在与情绪加工相关的 P3 波幅上，则可以推断情绪模仿和社会评价的关系更像是同一进程中的前后两部分过程，情绪模仿发生在前，社会评价发生在后。未来研究可以在同一研究中比较情绪模仿和社会评价发生作用的时间，以直接比较情绪模仿和社会评价对情绪感染的作用。

值得注意的是，与第 3 章和第 4 章单独考察内外群体对情绪模仿和社会评价的作用相比，本部分的研究五同时考察内外群体对两者的作用时，虽然重复了前面研究的结果，发现内外群体对情绪模仿和社会评价作用的影响，但也存在一些结果上的差异。在第 4 章的研究中，我们发现社会评价同时影响了个体对内群体和外群体他人情绪的感染，只是在感染外群体情绪时社会评价的作用更强，但第 5 章的研究五中，只发现了社会评价会影响外群体情绪的感染，社会评价对内群体情绪感染的作用消失了。这很有可能是在社会评价的研究中加入情绪模仿对情绪感染的影响后，使得社会评价的作用更集中在对外群体情绪的感染中，而对内群体情绪的感染主要受到情绪模仿的作用，使得原先社会评价的作用减弱了！当然，本研究并未发现情绪模仿与社会评价两种感染方式间的交互作用，并不能直接说明情绪模仿对社会评价作用的影响，但其影响仍是可能存在的，只是在研究五中的范式主要是考察社会评价的作用，与直视的情绪面孔相比，斜视的情绪面孔下情绪模仿的作用会有所减弱，并没有显示出与社会评价的相互影响。未来研究可以采用更敏感的情绪模仿指标，直接验证情绪模仿与社会评价间、甚至内外群体与情绪模仿、社会评价间的相互作用。

# 第 6 章　总讨论

　　情绪的社会功能使得情绪很容易在人与人之间传播开来,个体会感染他人的情绪,从而理解他人的情绪,进而决定采用何种方式与他人互动。许多研究都发现了情绪感染的现象,并试图从不同的角度解释情绪感染的发生。情绪模仿假说认为个体会自动地模仿他人的外在情绪表现,通过内在反馈过程进而体验到与他人相似的情绪体验。而社会评价假说认为,个体会采用社会评价的方式从他人的情绪中获取相关的信息来理解当前的情境,形成与他人相似的认知评价,进而诱发一致的情绪体验。情绪模仿假说与社会评价假说是目前情绪感染内在机制的两大主要取向,两者都分别得到了相应的实证支持,两种假说间的矛盾也不断激化。研究者逐渐认识到,或许情绪模仿和社会评价都可以是情绪感染的内在机制,两者相互作用,共同促进个体对他人情绪的感染。只是在不同的情境下,两者作用的强度有所不同,情绪模仿和社会评价有其各自更依赖的发生情境。

　　基于以上分析,为了解决现有情绪模仿与社会评价作用之间的矛盾,本文参考情绪即社会信息(emotions as social informa-tion,EASI)模型,将情绪感染的两条主要路径整合起来,并假设个体在感染亲和性比较强的内群体成员情绪时会更多地采用情绪模仿的方式，与之相对应的，个体会更多地采用社会评价的方式感染外群体成员的情绪。基于以上假设，本论文在第 3 章探讨个体对他人情绪感染的基本情况之后，分析了情绪模仿在情绪感染中的作用，并结合 EASI 模型的假设，验证了个体在感染内外群体情绪时情绪模仿作用的差异。与第 3 章的逻辑相似，第 4 章的研究旨在探讨社会评价对情绪感染的作用，并从 EASI 模型的另一半理论出发，探讨了社会评价对感染内外群体情绪作用的差别。第 5 章则在同一研究中同时考察了内外群体、情绪模仿、社会评价对情绪感染的影响，以期用数据证明情绪模仿和社会评价对情绪感染的作用会受到内外群体这一关系背景的影响。在以上研究假设与研究框架下，本研究发现：首先，在第 3 章的研究中，个体确实会感染他人的情绪，如快乐，同时情绪模仿在感染他人情绪中发挥着重要的作用，且在感染内群体成员情绪时情绪模仿的作用才体现出来，感染外群体成员情绪时情绪模仿没有出现；其次，在第 4 章的研究中，社会评价影响了个体对他人情绪的感染，虽然对内外群体成员情绪的感染过程中社会评价均发挥着作用，但社会评价对外群体成员情绪感染的影响更大；最后，在第 5 章中同时考察内外群体、情绪模仿、社会评价三者对情绪感染的影响时，也验证了第 3 章和第 4 章中的结果，即在感染内外群体他人的情绪过程中，情绪模仿和社会评价的作用出现了分离。由此，第 3、4、5 章的研究整合起来可发现，情绪感染的现象是存在的，且在情绪感染的内在机制方面，情绪模仿和社会评价均发挥着重要的作用，只是在不同的情境下两者作用的强度有所差异，在内群体成员情绪的感染中情绪模仿的作用更强，而感染外群体成员情绪时社会评价的预测性更强。针对以上结果，本文将从以下几个方面进行讨论。

# 1 情绪感染：发生在最基本人际水平的情绪影响

情绪是个体内部一系列主观体验的综合。早期研究者通常认为情绪是个体内部的反应，处于特定情绪状态的个体会体验到情绪的不同成分，包括对周围情境的评价、内在的生理变化、行为倾向、外在的情绪表现等等。这些都是个体水平对情绪的认识，认为情绪是个体内部的反应，只影响个体自身的认知活动。随着情绪研究的不断深入，研究者逐渐认识到，情绪是个体的，但情绪更是社会的，个体的情绪会影响他人，同时个体的情绪也会受到他人的影响，情绪除了个体水平，更有人际水平，群体水平，甚至文化水平。正是对不同层次情绪的整合认识，才使得情绪的研究越来越丰富，对情绪的本质也了解得越来越清楚，情绪的研究才能在真实而复杂的社会生活中得以应用。

情绪的个体水平认为情绪是基于个体自身内部的反应而产生的，处于情绪状态的个体会有相应的情绪表现、生理变化、行为倾向、认知评价、内在体验等等，这些认知和生理等方面的变化都是个体内部的反应。此外，对个体水平的情绪而言，情绪也只是影响个体自己的认知活动。情绪既可以增强个体对事物的知觉、记忆，也可以损害低水平认知过程（如知觉）和高水平认知过程（如记忆和执行控制）(Dolcos & Denkova, 2014)。但情绪并不仅仅是具有认知或生理等特点的个体水平，人与人之间的、群体之间的、甚至文化背景中的各种因素都会影响情绪的产生、表达和控制等过程，情绪是与不同水平的社会关系密切联系在一起的。Parkinson, Fischer 和 Manstead(2004)认为，情绪是与社会生活联系在一起的,其必然会受到社会中不同水平的变化过程的影响,而不仅仅停留在个体水平。社会生活中的第一层是人际水平,关注个体与他人的直接联系和互动,以及个体和他人如何产生行为上的互相影响。个体关注或忽视他人的眼神,回应他人所说的话,等等,这些都是人际之间的互动水平。情绪的人际水平主要研究的是情绪在人与人之间的直接互动中起着何种作用。社会生活中的第二层是群体水平,研究个体的行为是如何受到其所属群体的塑造。同为所属群体的他人与不同群体的他人对个体的意义是不是不同,使得个体对不同他人的情绪反应出现了差别? 随着群体的不断扩大,群体逐渐分层,并形成一些正式或非正式的规则或传统。由此,具有内部结构和特定规范的大规模群体便成为社会生活中的第三层水平,即文化水平。与人际和群体水平相比,文化背景对情绪的影响更不明显,只有在与其他文化相比时,才能突显出自己文化对情绪活动的作用。虽然从理论上貌似可以区分不同水平的社会生活对情绪的影响,但实际生活中很难完全区分人际、群体和文化的作用。当三个人在一起交流时,何时可以切换到人际水平的交流,何时又可以切换到群体水平的交流,这些都是不太确切的。因此,在明确不同层次的社会生活都会影响情绪的发生发展的同时,更重要的是整合不同水平社会生活的影响,使得情绪研究更贴近真实的社会生活。

本研究发现,个体会感染他人的情绪,表明他人的情绪会影响个体自身的感受,这正符合人际水平情绪的特征。如 Parkinson 等(2004)文中所述,情绪是在人际互动中不断展开的,以人际活动为情绪对象,对人际生活产生影响,并发挥着重要的人际功能。情绪并不只是存在于情绪表现者中,与个体互动的他人能读懂所表达的情绪中所蕴含的信息,甚至能体验到与之一致的情绪。个体感染他人的情绪,这只是人际水平的情绪影响过程,在现实生活中这种水平的影响是最基本的,人际水平的影响会不断整合与发展,与群体水平、文化水平的情绪相互转化。人际水平上情绪影响的多次累积会使得更多人卷入相同的情绪,且具有相同特征的个体间更容易产生情绪影响,由此则产生了群体水平的情绪,不同群体情绪间的相互影响又可以形成文化水平的影响。同时,特定文化背景中的规范使得群体和人际互动过程中有其遵循的规则,文化会自上而下影响群体、人际甚至个体情绪的体验、表达、调节等过程。因此,情绪感染只是人际水平情绪影响的一种基本现象,对情绪感染完整的研究仍需要把其置于文化、群体、人际、个体多水平中,考虑自上而下与自下而上多重水平的影响,如此才能通过简单的情绪感染现象全面地了解情绪的本质及其影响。

## 2  情绪感染的内在机制:不同的情绪理论取向

情绪感染是情绪在人际之间的传播,情绪模仿、社会评价等过程都可以是情绪感染产生的内在机制。情绪模仿假说认为个体会模仿他人的外在情绪表现,通过内在反馈过程进而感染到他人的情绪;而社会评价假说认为个体是通过接受他人情绪中所隐含的对周围环境的评价而产生与他人相似的情绪。情绪感染是人际水平情绪的影响过程,必然涉及最基本的情绪问题。本研究重点关注的情绪感染两大内在机制,即情绪模仿和社会评价,应该也是以不同的情绪取向为基础。正因为所认可的情绪取向不同,对情绪本质的认识不同,才会出现不同的情绪感染内在机制。具体来说,基于基本情绪取向的研究者提出了情绪感染的情绪模仿假说;而基于认知评价取向,研究者确定了社会评价在情绪感染中的作用。

## 2.1 情绪模仿与基本情绪取向

在情绪的形成机制方面,基本情绪取向的情绪研究者认为每种情绪都是进化而来的,有其自身的形成机制,包括特异的身体变化和大脑皮层活动,对内部身体变化的知觉就是情绪本身。在研究者正式提出情绪与身体的关系之前,Darwin(1872)就已经意识到了体现在身体上的外在情绪表现对个体具有重要的进化意义,人所呈现出来的面部表情、身体姿势、甚至内在生理变化都可以向他人沟通自己的情绪状态。William James(1884)首次提出身体变化在情绪体验中的重要作用,认为产生内在的情绪体验主要分为四个步骤:个体先在大脑皮层上感知外在的情绪刺激;并将这些神经冲动传递到肌肉、皮肤、内脏等区域;肌肉、皮肤、内脏等区域的变化通过反馈路径进一步传递回大脑中;由此,大脑皮层感知到了相应的冲动,并结合原始的情绪刺激产生内在的情绪体验。虽然 William James 同时强调了肌肉、皮肤、内脏等身体部位在情绪体验中的先导作用,但不同的身体部位精细程度不同,与精细的情绪体验的关系程度应该也有所不同。具体来说,个体内脏活动在不同情绪状态中都会有一致的反应模式,且其是个体内在的身体变化,不利于与他人交流。因此,后期研究者虽然也认同身体变化在情绪形成中的重要作用,但研究者们更多地关注面部变化这一更精细的身体活动,认为面部变化更能显示个体内在的情绪变化,且面部肌肉丰富使得不同的面部运动可以表征个体内部精细的情绪状态。由此,在 Tomkins(1981),Izard(1981)以及 Zajonc 等(1989)研究者对面部变化与情绪关系的论述基础上,面部反馈假说(facial feedback hypotheses)应运而生,其主要观点是面部表情不仅反映了个体内部的情绪状态,面部肌肉的变化也会影响个体情绪状态的程度。具体来说,外界刺激引起了以面部肌肉为主的运动,而这运动特征进一步经过反馈传递至大脑中表征,由此产生个体对肌肉运动的觉察,即引起了主观的情绪体验(Adelmann & Zajonc, 1989)。面部反馈假说强调了以面部为主的身体变化在情绪产生中的作用,阐述了外在刺激是如何引起个体内部的情绪体验,提出了情绪产生的内在机制。在基本情绪取向的基础上,情绪具身观总结了身体变化在情绪形成中的作用,认为身体和情绪形成存在相互作用,情绪会带来特定的身体变化,而个体对身体变化的知觉也会改变情绪的形成过程,身体变化特别是面部肌肉变化确实可以是个体产生情绪的一种方式(Goldman & de Vignemont, 2009; Niedenthal, Winkielman, Mondillon, & Vermeulen, 2009; 刘亚 等, 2011)。

情绪感染虽然是人际水平的情绪发生过程,但其内在机制应该也与个体水平情绪相似,因此,若按基本情绪取向来说,特别是面部反馈假说,面部肌肉运动应该在人际水平的情绪产生过程中也发挥着重要作用。也就是说,他人的情绪可能会引起个体相应面部肌肉的运动,而肌肉运动引起的反馈传至大脑皮层则引起了个体自身的情绪状态,由此个体感染了他人的情绪状态。镜像神经系统的发现更是为这一假说提供了支持,看到他人的情绪表现,个体自身与情绪表现相关的感觉运动皮层也会激活,表征了外在的情绪表现,证实了情绪模仿的存在,而感觉运动皮层对情绪表现的表征信息进一步传至情绪体验的中心脑区,如杏仁核,由此个体经过情绪模仿即可体验到他人的情绪(Bastiaansen et al., 2009)。从上述对基本情绪取向的论述中可知,身体特别是面部肌肉在个体情绪产生中发挥着重要的作用，这体现了身体与情绪之间的相互关系。这与研究者强调情绪模仿在情绪感染中的作用一样，个体也会运用自身的身体变化来加工他人的情绪信息，这仍是基本情绪取向中对身体与情绪两者关系的表征。总体来说，当研究者强调情绪模仿可以是情绪感染的一种方式时，这是基于基本情绪取向中身体和情绪相互作用这一关系的理念得出来的。

## 2.2 社会评价与认知评价取向

情绪的认知评价取向的主要观点是，在情绪的各成分中，认知评价是情绪形成的重要成分，个体对外界刺激的评价是引起内在情绪体验的重要方式，不同的情绪均是认知评价引起的，只是评价的内容和维度不同。Arnold（1961）首次使用"评价"一词来区分不同的情绪，认为个体会评价当前情境与自己的相关性、有意义的刺激是否有出现、刺激是有益的还是有害的、自己是否容易接近或躲避，这一系列直接的、快速的、直觉的评价会引起一定的行为倾向，进而体验到相应的情绪。早期最有影响的认知评价取向的情绪研究者其实是 Richard Lazarus（1966），他认为个体对外界刺激的评价是可以分为多个水平的，在初评价中个体主要是评价刺激对自己的意义，而次评价中主要评估自己应对当前情境的能力，当个体选择特定的策略来应对当前情境时，可能还需要结合情境中的信息重新评价下所选策略，即再评价过程。也就是说，经过多次的初评价、次评价和再评价，外界刺激才能引起个体相应的情绪体验。之后许多研究者都探索了情绪的评价过程，认为个体对周围环境的评价可以预测其所体验到的情绪。认知评价取向的情绪研究者都认同评价在情绪产生中的作用，但具体个体会进行哪些方

面的评价,不同成分的评价间有何种关系,这些是认知评价取向的
研究中仍存在的争议。虽然不同的研究者所提出的评价维度有所
差异,但这些维度主要集中在刺激新颖性、刺激固有的愉悦性、对
目标的促进作用、个体应对的能力以及与规范或自身价值的符合
程度等方面(Frijda,1986;Roseman,1984;Scherer,1984;
Smith & Ellsworth,1985)。其中,刺激的新颖性(novelty)是获
取个体注意力的重要特征,新颖的刺激意味着潜在的威胁,个体需
要时刻关注特征突显的刺激,因而个体会评价出现的刺激是否属
于新异刺激,才决定是否进行进一步分析。如果说刺激的新颖性
获得了个体的初步注意,那刺激固有的愉悦性则决定了个体对该
刺激的初步反应,如果刺激是令人愉悦的,则个体会倾向于接近
它,而如果刺激是令人反感的,则个体会躲避它。一般来说,刺激
的新颖性是个体评价的第一步,如果吸引个体注意力的刺激是与
自身相关的,则会进行之后的一系列评价,如当前情境是否会阻碍
自己目标的实现,外界刺激是否符合自己的价值观或者所属文化
的规范等,进而诱发相应的情绪(Ellsworth & Scherer,2009)。
以快乐为例,能够引起个体快乐体验的事件,应该是被评价为新颖
的、令人愉悦的、与自身目标相符的、个体有能力控制和调整的以
及符合自身价值或者社会规范的。

　　认知评价取向的情绪研究强调个体对周围情境的解释引起了
不同的情绪体验,对刺激新颖性、愉悦性、与目标相关性等方面的
评价不同,所引起的情绪也不同,如刺激实现了个体的目标则更多
地诱发了快乐的体验,而如果当前情境阻碍了个体目标的实现,则
个体会体验到愤怒的感受。虽然研究者已经提出了许多评价的维
度以区分更多的情绪,但这些都只是个体内部所发生的对外界刺
激的评价,且认知评价取向在解释情绪产生的个体、文化差异时也

只是认为不同的个体在这些维度上的认知不同,或者不同的文化对不同的维度重视程度不同,导致评价的结果不同,进而不同的个体或不同的文化下产生的情绪有所差异(Moors,Ellsworth,Scherer,& Frijda,2013)。也就是说,现有的认知评价取向并未涉及他人对个体评价的影响,但情绪并不仅仅是个体独自加工的结果,个体对刺激的评价必然会受到他人的影响。由此,Manstead 和 Manstead(2001)提出了社会评价的概念,认为个体不仅会从不同方面评价当前刺激,也会评价当前刺激所处的社会情境,个体对当前刺激的评价必然会受到所处情境的影响。例如,个体对喜剧的愉悦程度的评价会受到其他观众评价的影响。虽然与只强调个体内部加工的认知评价相比,社会评价强调了他人对个体评价的影响,但其本质上还是基于认知评价取向,即个体对外界刺激的评价是个体产生相应情绪的重要原因。从上述论述中可知,根据认知评价取向的情绪理论,认知评价是个体水平情绪产生的重要方式,那人际水平情绪的内在机制应该也离不开评价的作用,也就是说个体在感染他人情绪的过程中还是将其情绪转化为对周围情境的信息,形成相应的评价,在此基础上体验到相应的情绪。这就是认知评价取向的情绪理论对社会评价与情绪感染关系的重要启示。

# 3　情绪模仿与社会评价的整合:内外群体情境下的体现

　　本研究在验证情绪感染内在机制的过程中同时发现了情绪模仿和社会评价的作用,通过以上对不同取向的情绪理论的总结可知,不同取向的情绪研究者对情绪产生的过程持有不同的观点,基本情绪取向的研究者强调身体变化在情绪形成中的作用,由此支持了情绪模仿的合理性,而认知评价取向的研究者强调评价对情绪的重要预测性,由此支持了社会评价对情绪感染的作用。可见,情绪模仿和社会评价确实都可以是个体加工甚至感染他人情绪的重要方式。更重要的是,这两者的作用其实并不是对立的,它们都是个体加工他人情绪的内在过程,当结合他人情绪所处情境时,可能会出现与情境的分离效应,即在某些情境下情绪模仿的预测性强些,而在另一些情境下社会评价的预测性更强。也就是说,分析个体加工他人情绪的方式时应考虑情绪所处情境,这一点是与情绪的社会建构取向相呼应的。因此,本文接下来主要从社会建构取向来讨论为什么应该在不同的情境下整合情绪模仿和社会评价的作用,具体来说,不同的内外群体关系下情绪模仿和社会评价是如何整合的,内外群体对个体有何意义,使得情绪模仿和社会评价的作用会有差异。

### 3.1 社会建构取向的启示

基本情绪取向、认知评价取向以及心理建构取向都为情绪的产生提供了解释,但身体变化、评价以及各种心理成分都只是个体内部的加工方式,忽略了情绪产生的社会文化背景。建构(construction)一词源来已久,主要用来解释相对独立的成分是如何整合在一起,构成所存在的现象,如情绪。心理建构取向也突显了建构在情绪形成中的作用,但其建构的元素是效价、唤醒度等与社会文化背景关系不大的心理成分。与此相对,社会建构取向则认为构成情绪的应该是社会文化因素,在特定社会中所形成的信念和规范为情绪的产生提供了原型,社会文化因素已经整合到情绪形成的过程中(Averill,2012)。具体来说,在情绪形成的不同水平中,既包括个体出生前的基因表达,也包括个体从出生到发育成社会人的过程,更包括成年个体与社会时时互动的过程,人际间的、群体间的以及文化层面的因素都会影响这些过程中情绪的形成(Boiger & Mesquita,2012;Parkinson,2012)。Boiger 和 Mesquita(2012)认为情绪的社会建构取向指出,情绪是个体在与他人反复互动的过程中形成的,反映了个体与他人的关系及更广泛层面的文化因素对情绪形成的影响,也就是说情绪是嵌套在个体与他人的时时动态交流中,且这种交流是基于双方的关系及所处文化背景的影响。以愤怒为例,首先,愤怒是与他人互动的结果,若他人不回应自己的需求,或者对自己的愤怒置之不理甚至反击,则个体的愤怒体验会更加强烈;反之,若他人能及时抚慰甚至向自己道歉,则愤怒会有所减弱,这都说明了个体的情绪是与双方的互动有关。其次,愤怒会受到双方关系的影响,关系和睦的夫妻间即使有愤怒情绪的产生也会得到缓冲,而紧张的关系会使微弱的怒气变得不可遏制。最后,愤怒的强度和表达都会受到所处文化的影响,在重视相互关系的文化下,愤怒的表情则会显得幼稚和不考虑他人的感受,这种文化会抑制愤怒的表达,而关注个体自身发展的文化则认为自由表达自己的情绪,即使是负性的情绪也是正常的,是有利于个体自身发展的,在这种文化下,个体更容易表现出自己的情绪。

总体来说,根据 Boiger 和 Mesquita(2012)的观点,情绪是建构在互动、关系及文化之中的。当然,Boiger 和 Mesquita(2012)所说的情绪建构方式并不是只在某一时刻发挥作用,早在个体出生前的基因表达阶段,直至个体成熟、社会化,甚至之后的每次与他人互动中,互动、关系及文化都会影响情绪的形成。Parkinson(2012)指出,从胚胎形成到个体出生后与周围环境的每一次与情绪产生相关的互动都会受到社会文化因素的影响。个体会根据社会规范选择合适的性伴侣来繁殖自己的后代,由此可见早在胚胎形成时期个体就受到文化的影响。胚胎发育过程中,基因的表达也会与外在环境相互影响,母亲的焦虑情绪会使得胎儿释放更多的神经递质,表达出更多对压力情境敏感的基因。也就是说,在胚胎发育的过程中,基因会结合所处情境选择性地表达。在个体出生后,个体情绪的发展会受到看护者所带来的文化影响,看护者会支持个体符合社会规范的情绪,而惩罚违背所处文化的情绪,由此,个体情绪的发展伴随着社会文化的影响,个体在社会化的过程中习得了与社会规范相符的情绪。个体成年后,在按已经习得的情绪与他人进行时时互动时,社会文化因素更是强化了个体相应情绪的体验和表达,与看护者对幼儿情绪的反馈相似,成人个体间的互动也会促进符合社会规范的情绪,而抑制不被社会规范所接受的情绪。

情绪的社会建构取向这一概念提出时间不是很长,这一取向的研究不如基本情绪取向等其他取向的情绪研究多,但社会建构取向的情绪理论更符合当前真实社会情境中情绪的发生与发展,情绪的产生不应该仅仅强调生理或认知等这些内部的、个体的加工过程,个体的情绪是源自社会情境,也更是为了让个体更好地适应社会,因而情绪的产生必然会受到社会文化的影响,通过与不同关系个体的动态互动,在个体发展的不同时期都能发现文化对个体情绪的影响。当然,在强调社会文化对情绪形成影响的同时,社会建构取向并不否认生理或认知过程在情绪产生中的作用。由此,可以推断,生理、认知、社会文化均在情绪形成中起着重要的作用,社会文化是影响情绪的外部因素,而生理、认知是个体产生情绪的内部过程,情绪产生的内部过程如何,具体哪种内部过程的作用更强,都可以结合特定的社会文化因素进行分析。也就是说,可能在一种社会文化背景下生理过程对情绪产生的作用更强,而在另一种社会文化背景下,认知的预测性又更强些。因此,接下来本文从个体与他人关系这一具体的社会背景来试图分离生理和认知的作用,也就是本研究所发现的,为什么个体在感染内群体他人的情绪时情绪模仿的作用更明显,而社会评价在感染外群体他人的情绪时预测性更强,这体现了内外群体这一关系背景的何种特征?

## 3.2　内外群体的意义

自从 Summer(1906)首次提出内外群体的概念后,许多研究者都发现个体对内外群体存在不同的心理加工过程,这主要体现为个体会对内群体存在高度的认同,而对外群体存在一些偏见。正因为内外群体效应的存在,个体对内外群体产生的心理效应有所不同。Tajfel(2010)从社会认同理论解释了内外群体的形成及其对个体的意义。首先,个体处理外界信息的能力是有限的,个体倾向于用分类的方式快速处理信息,因而,对个体来说,将所有的人群区分为内外群体有利于快速认知他人。而社会分类后不同组间的差异被放大了,而组内的差异被低估了,也就是说社会分类使得内外群体的差异更加明显,个体更会知觉到自己所属的内群体与他人所属的外群体之间的差异。其次,社会分类突显内外群体的差异后,个体更会进行内外群体的比较,若在一些维度上内群体明显处于劣势,个体会寻求其他比较维度以削弱内外群体的差异,甚至使内群体优于外群体,而这一社会比较的过程最终是为了使个体认同内群体并从中获得自尊。社会认同理论认为,个体在内外群体的形成和比较中维护了自我形象的完整性,对个体来说,偏爱内群体、贬低外群体是有意义的,这也是为什么内外群体冲突不断的原因,内外群体的竞争和冲突都是个体对内外群体心理加工过程不同的结果。

从上述对内外群体对个体的意义可知,内外群体所引起的心理过程确实不同,个体会更偏好内群体,而低估外群体的价值,这是服务于个体的认同感和自尊感的。个体对内外群体加工的差异正好印证了情绪的社会建构取向的理念,即情绪是个体与周围关系互动的结果,个体情绪的形成过程会受到双方互动关系的影响,在对方与自己属于相同或不同的群体时,个体对其心理加工过程不同,产生了情绪的差异。但这种情绪加工的差异具体是如何体现的? 为什么内群体成员的情绪感染更依赖于情绪模仿,而感染外群体成员的情绪过程中社会评价的作用更强? 这就涉及内外群体、情绪模仿及社会评价三者自身的特点了。个体对内群体更偏好,由此推断其更倾向于采用建立联结的情绪模仿的方式加工他人的情绪;而外群体对个体来说是存在潜在威胁和竞争的,理解他人情绪的意义是更安全的办法,因而社会评价的作用就更突显了! 当然,这只是从内外群体、情绪模仿、社会评价三者的特征所做的推断,EASI 模型已经能够比较好地整合这三者关系。EASI 模型是情绪的社会建构取向的具体表现,其从情绪加工的具体方式上细化了不同的关系背景下个体如何加工他人的情绪,这体现了社会建构取向的观点,即个体的情绪加工是如何整合了所处情境的影响。EASI 模型指出,在个体与他人的关系背景比较亲和时,如合作的关系,个体倾向于采用情绪模仿等直接的情感反应方式来加工他人的情绪,而若双方关系存在潜在威胁,如竞争关系时,个体会更多地采用社会评价的方式来推断他人情绪的意义，以此来加工他人的情绪。

因此，不管是抽象的情绪的社会建构取向以及内外群体对个体意义的差别，还是具体的 EASI 模型，个体加工不同他人的情绪的方式有所不同，这都是合理的，是有利于个体更好地适应现实社会的。这都为本研究所发现的感染内外群体情绪过程中情绪模仿和社会评价作用的分离提供了夯实的理论依据。

# 4  研究的创新、不足与展望

情绪感染是情绪在人际水平的传播现象，说明情绪不仅仅是个体内部的状态，情绪除了影响个体自身的认知过程外，也能影响他人的情绪状态和认知过程。本研究首先证实了情绪的这一人际影响现象的存在，发现个体在看到他人的快乐时也能体验到快乐的感受，说明个体感染了他人的情绪。其次，在情绪感染的内在机制方面，本研究同时发现了情绪模仿和社会评价对情绪感染的影响。从情绪的理论出发，情绪模仿和社会评价对应着不同取向的情绪理论，也就是就说基于不同的情绪理论，情绪模仿和社会评价确实都可以是个体感染他人情绪的方式。而社会建构取向的情绪理论又可以将这两种方式整合起来，使得不同社会背景下两者的作用强度出现了分离。由此，与情绪即社会信息模型的假设一致，本研究发现了不同关系背景下情绪感染内在机制的差别，个体在感染内群体成员的情绪时更倾向于采用情绪模仿的方式，而在感染外群体成员的情绪时社会评价的作用更加突显出来。这一结果的发现充实了情绪感染的研究，缓和了情绪感染内在机制方面非此即彼的冲突,同时认可了情绪模仿和社会评价的作用,只是从内外群体这一关系背景上分离了两者作用的强弱。未来研究可以深入验证情绪感染内在机制的这种多样性。

总之,本研究结合行为、EMG、tDCS、ERP 等多种实验技术探讨了情绪感染的内在机制,与前人研究相比,本研究的创新之处包括以下几点:

(1)情绪感染的内在机制如何?不同的研究者提出了不同的解释。本文在情绪即社会信息模型的基础上提出,情绪模仿和社会评价都是个体感染他人情绪的方式,只是在不同的条件下,个体感染他人情绪的主要方式不同。由此,首次从内外群体这一关系背景整合了情绪模仿和社会评价在情绪感染中的作用,丰富了情绪感染内在机制的理论探讨。

(2)在验证情绪模仿和社会评价在情绪感染的作用时,本研究采用了一系列的实验技术证明情绪感染这两条路径的存在。在验证情绪模仿在情绪感染中的作用时,本文采用经典的 EMG 技术测量情绪模仿后,更采用 tDCS 技术抑制情绪模仿相关脑区(M1)的活性,得到了情绪模仿和情绪感染的因果关系。在验证社会评价在情绪感染中的作用时,本文操纵了社会评价条件,首次用实验室的方法证明了社会评价与情绪感染的因果关系,更进一步采用 ERP 技术考察了社会评价的时间进程。

当然,本研究也只是情绪感染内在机制方面的尝试性整合,还有如下几点不足,未来研究可以相应地进行拓展和验证:

(1)本研究在探讨个体对他人情绪的感染情况及其内在机制时,只选择了快乐这一种情绪,发现了情绪模仿和社会评价对快乐感染的共同作用。但这些研究结果能延伸到其他类型的情绪感染过程中吗?首先在情绪感染的基本情况方面,快乐是一种积极的情绪,意味着比较安全的交往,个体感染他人的快乐会让个体情绪状态更好,但如果是愤怒等消极情绪呢,个体还是会同等程度地感染他人的愤怒吗? 其次,在情绪感染内在机制方面,已有研究发现,在没有任何背景信息的时候,个体会更多地模仿微笑而不是皱眉,Hinsz 和 Tomhave(1991)在采用表情编码法观察商场、图书馆等公共场所中他人对微笑和皱眉的反应时发现,52.6%的人看到他人的微笑时也会微笑,而只有 7.4%的人在看到他人皱眉时会表现出一致的皱眉反应。也就是说个体对快乐和愤怒等情绪的模仿程度也会有所差异,这可能导致个体在感染快乐和愤怒等不同情绪时情绪模仿的作用也会有所差异,可能本研究所发现的情绪模仿对快乐感染的影响在对其他情绪的感染中并不能验证。最后,在情绪感染的另一内在机制——社会评价——的作用中,不同情绪对社会评价的依赖程度可能也会有所不同,社会评价主要是用来理解他人情绪所代表的含义,而愤怒更多的是由外界情境引起的,其可能会更多地依赖于社会评价的作用。由上可知,不管是情绪感染的基本情况,还是情绪模仿和社会评价在情绪感染中的作用,所感染的情绪不同,情绪感染的基本情况及其内在机制可能都会有所差异。本研究只是初步尝试厘清情绪感染内在机制,而只选择快乐这一种情绪进行分析,未来研究可以同时比较多种情绪在感染及内在机制上的差别,以突显出情绪感染自身的复杂性。

(2) 本研究的主要目的是结合 EASI 模型验证在不同的关系背景下情绪模仿和社会评价对情绪感染的作用有所不同,由此既同时认同两者的作用,又在特定条件下分离两者作用的强度,以解决现有情绪感染内在机制方面只重视某一种方式的弊端。研究结果也确实证实可以从内外群体这一关系背景来分离情绪模仿和社会评价的作用,主要表现在,第 3 章的研究发现情绪模仿与感染内群体情绪的联动作用,而第 4 章则发现社会评价在感染外群体情绪时的作用更突显。由此,第 3 章和第 4 章的研究整合起来便可发现情绪模仿和社会评价在内外群体这一关系背景下的分离。但这种整合与分离是跨实验进行分析,情绪模仿和社会评价所采用的操作方式不同,采用 EMG 记录情绪模仿,而采用目光注视方向操纵社会评价。这种跨实验的分析和比较虽然也能回应 EASI 模型的两条路径,两部分研究分别验证情绪感染的两条内在机制,由此区分两者在不同内外群体关系背景下作用的区别。虽然第 5 章中尝试性地根据 EMG 将情绪模仿分为高低组,由此分析情绪模仿和社会评价对情绪感染的交互影响。但这种方式仍不能直接比较情绪模仿和社会评价的作用,更不能回应情绪模仿和社会评价是否同时存在作用,只是两者作用时间有所差异这一问题。已有研究同时采用 EMG 和 ERP 探讨个体在模仿他人情绪时的面部肌肉运动和大脑皮层活动,结果发现,被试对情绪面孔表现出高模仿时,P1 波幅增加,N170 波幅减弱,说明情绪模仿在情绪面孔的早期加工阶段就发挥了作用,表现为对面孔的注意增加,从而更容易识别面孔(Achaibou et al.,2008)。而本研究在探讨社会评价的时间进程时发现,社会评价的作用主要体现在与情绪加工相关的 P3 波幅上,则可以推断情绪模仿发生在前,社会评价发生在后。那情绪感染内在机制的整合是不是可以转化为在同一个研究中同时探讨情绪模仿和社会评价的作用,并在时间进程上体现为两者的分离,且内外群体这一关系背景对情绪模仿和社会评价作用的差别更能直接在相应的脑电波幅上体现出来。这确实是一个很有趣的问题,也更能直接剖析情绪感染内在机制的进程。

# 5 结　论

（1）情绪模仿是个体感染他人情绪的一种方式。个体在感染他人情绪过程中伴随着情绪模仿的出现，且当抑制与情绪模仿相关的初级运动皮层活性后，情绪感染的程度减弱。

（2）社会评价也是个体感染他人情绪的一种方式，社会评价会影响个体对他人情绪的感染，且社会评价发生时间较晚。

（3）情绪模仿和社会评价对情绪感染的作用会受到内外群体这一关系背景的影响，情绪模仿在个体对内群体情绪的感染中作用更突显，而社会评价在感染外群体情绪时作用更大。

# 参考文献

杜忆，吴玺宏，李量.（2013）.杏仁核对感觉刺激的情绪性加工：自动化过程和注意调控过程的整合.心理科学进展，21(6)，1020—1027.

冯攀，冯廷勇.（2013）.恐惧情绪加工的神经机制.心理学探新，33(3)，209—214.

傅小兰.（2016）.情绪心理学.上海：华东师范大学出版社.

甘甜，李万清，唐红红，陆夏平，李小俚，刘超，罗跃嘉.（2013）.经颅直流电刺激右侧颞顶联合区对道德意图加工的影响.心理学报，45(9)，1004—1014.

郭恒，何莉，周仁来.（2016）.经颅直流电刺激提高记忆功能.心理科学进展，24(3)，356—366.

胡晓晴，傅根跃，施臻彦.（2009）.镜像神经元系统的研究回顾及展望.心理科学进展，17(1)，118—125.

胡竹菁，胡笑羽.（2012）.Evans 双重加工理论的发展过程简要述评.心理学探新，32(4)，310—316.

李小新，叶一舵.（2010）.快乐心理研究述评.福建师范大学学报（哲学社会科学版），(2)，166—172.

刘亚，王振宏，孔风.（2011）.情绪具身观：情绪研究的新视角.心理科学进展，19(1)，50—59.

孟昭兰.（1989）.人类情绪.上海：上海人民出版社.

孟昭兰.（2005）.情绪心理学.北京：北京大学出版社.

苗力田.（1989）.古希腊哲学.北京：中国人民大学出版社.

汤超颖，艾树，龚增良.（2011）.积极情绪的社会功能及其对团队创造力的影响：隐性知识共享的中介作用.南开管理评论，14(4)，129—137.

汪寅，臧寅垠，陈巍.（2011）.从"变色龙效应"到"镜像神经元"再到"模仿过多症"——作为社会交流产物的人类无意识模仿. *心理科学进展*，19(6)，916—924.

王柳生,蔡淦,戴家隽,潘发达,张海燕. (2013). 具身情绪:视觉图片的证据. 中国临床心理学杂志,21(2),188—190.

王妍,罗跃嘉. (2005). 大学生面孔表情材料的标准化及其评定. 中国临床心理学杂志,13(4),396—398.

王永,王振宏,邱莎莎. (2013). 情绪感染量表中文修订版在大学生中应用的信效度. 中国心理卫生杂志,27(1),59—63.

徐晓惠，胡平. (2019). 情绪模仿的神经生理机制：从镜像神经系统到神经网络. *生物化学与生物物理进展*，46(4)，386—397.

易欣,葛列众,刘宏艳. (2015). 正负性情绪的自主神经反应及应用. 心理科学进展,23(1),72—84.

张婷. (2010). 执行功能和心理理论的关系. 博士学位论文,西南大学.

邹吉林,张小聪,张环,于靓,周仁来. (2011). 超越效价和唤醒——情绪的动机维度模型述评. 心理科学进展,19(9),1339—1346.

Achaibou, A., Pourtois, G., Schwartz, S., & Vuilleumier, P. (2008). Simultaneous recording of EEG and facial muscle reactions during spontaneous emotional mimicry. *Neuropsychologia*, 46(4), 1104—1113.

Adelmann, P. K., & Zajonc, R. B. (1989). Facial efference and the experience of emotion. *Annual Review of Psychology*, 40(1), 249—280.

Argyle, M. (2013). *The psychology of happiness*. New York: Routledge.

Arnold, M. B. (1961). Emotion and personality. *Psychosomatic Medicine*, 23(4), 367—368.

Aron, A., Aron, E. N., & Smollan, D. (1992). Inclusion of Other in the Self Scale and the structure of interpersonal closeness. *Journal of Personality and Social Psychology*, 63(4), 596—612.

Aue, T., Flykt, A., & Scherer, K. R. (2007). First evidence for differential and sequential efferent effects of stimulus relevance and goal conduciveness appraisal. *Biological Psychology*, 74(3), 347—357.

Averill, J. R. (2012). The future of social constructionism: introduction to a special section of emotion review. *Emotion Review*, 4(3), 215—220.

Balconi, M., & Bortolotti, A. (2013). The "simulation" of the facial expression of emotions in case of short and long stimulus duration: The effect of pre-motor cortex inhibition by rTMS. *Brain and Cognition*, 83(1), 114—120.

Balliet, D., Wu, J. H., & de Dreu, C. K. W. (2014). Ingroup favoritism in cooperation: A meta — analysis. *Psychological Bulletin*, 140 (6), 1556—1581.

Barsade, S. G. (2002). The ripple effect: Emotional contagion and its influence on group behavior. *Administrative Science Quarterly*, 47(4), 644—675.

Bastiaansen, J., Thioux, M., & Keysers, C. (2009). Evidence for mirror systems in emotions. *Philosophical Transactions of the Royal Society B-Biological Sciences*, 364(1528), 2391—2404.

Bayliss, A. P., Frischen, A., Fenske, M. J., & Tipper, S. P. (2007). Affective evaluations of objects are influenced by observed gaze direction and emotional expression. *Cognition*, 104(3), 644—653.

Becchio, C., Bertone, C., & Castiello, U. (2008). How the gaze of others influences object processing. *Trends in Cognitive Sciences*, 12(7), 254—258.

Boiger, M., & Mesquita, B. (2012). Theconstruction of emotion in interactions, relationships, and cultures. *Emotion Review*, 4(3), 221—229.

Bradley, M. M., Codispoti, M., Cuthbert, B. N., & Lang, P. J. (2001). Emotion and motivation I: Defensive and appetitive reactions in picture processing. *Emotion*, 1(3), 276—298.

Bradley, M. M., & Lang, P. J. (1994). Measuring emotion: The self-assessment manikin and the semantic differential. *Journal of Behavior Therapy and Experimental Psychiatry*, 25(1), 49—59.

Bradley, M. M., & Lang, P. J. (2007). Motivation and emotion. *Handbook of Psychophysiology*, 581—607.

Bruder, M., Dosmukhambetova, D., Nerb, J., & Manstead, A. S. (2012). Emotional signals in nonverbal interaction: Dyadic facilitation and contagion in expressions, appraisals, and feelings. *Cognition & Emotion*, 26 (3), 480—502.

Bruder, M., Fischer, A., & Manstead, A. S. R. (2014). *Social appraisal as a cause of collective emotions*. New York: Oxford University Press.

Buck, R. (1984). *The communication of emotion*. New York: Guilford Press.

Buss, D. (2015). *Evolutionary psychology: The new science of the mind*. New York: Psychology Press.

Cacioppo, J. T., Berntson, G. G., Larsen, J. T., Poehlmann, K. M., & Ito, T. A. (2000). The psychophysiology of emotion. *Handbook of Emo-

*tions*, 2, 173—191.

Chartrand, T. L., & Bargh, J. A. (1999). The chameleon effect: The perception-behavior link and social interaction. *Journal of Personality and Social Psychology*, 76(6), 893—910.

Chartrand, T. L., & Lakin, J. L. (2013). Theantecedents and consequences of human behavioral mimicry. *Annual Review of Psychology*, 64, 285—308.

Chartrand, T. L., Maddux, W. W., & Lakin, J. L. (2005). Beyond theperception-behavior link: The ubiquitous utility and motivational moderators of nonconscious mimicry. In R. R. Hassin, J. S. Uleman & J. A. Bargh (Eds.), *The new unconscious* (pp. 334—361). New York: Oxford University Press.

Clément, F. , & Dukes, D. (2017). Social appraisal and social referencing: Two components of affective social learning. Emotion Review, 9(3), 253—261.

Cottrell, C. A., & Neuberg, S. L. (2005). Different emotional reactions to different groups: A sociofunctional threat-based approach to "prejudice". *Journal of Personality and Social Psychology*, 88(5), 770—789.

Darwin, C. (1872). *The expression of the emotions in man and animals.* New York: University of Chicago press.

de Melo, C. M., Carnevale, P. J., Read, S. J., & Gratch, J. (2014). Reading people's minds from emotion expressions in interdependent decision making. *Journal of Personality and Social Psychology*, 106(1), 73—88.

di Pellegrino, G., Fadiga, L., Fogassi, L., Gallese, V., & Rizzolatti, G. (1992). Understanding motor events: A neurophysiological study. *Experimental Brain Research*, 91(1), 176—180.

Dimberg, U. (1982). Facial reactions to facial expressions. *Psychophysiology*, 19(6), 643—647.

Dimberg, U., & Söderkvist, S. (2011). Thevoluntary facial action technique: A method to test the facial feedback hypothesis. *Journal of Nonverbal Behavior*, 35(1), 17—33.

Dimberg, U., & Thunberg, M. (2012). Empathy, emotional contagion, and rapid facial reactions to angry and happy facial expressions. *PsyCh Journal*, 1(2), 118—127.

Dimberg, U., Thunberg, M., & Elmehed, K. (2000). Unconscious facial reactions to emotional facial expressions. *Psychological Science*, 11(1), 86—89.

Doherty, R. W. (1997). The emotional contagion scale: A measure of individual differences. *Journal of Nonverbal Behavior*, 21(2), 131—154.

Dolcos, F., & Denkova, E. (2014). Currentemotion research in cognitive neuroscience: Linking enhancing and impairing effects of emotion on cognition. *Emotion Review*, 6(4), 362—375.

Durand, K. , Gallay, M. , Seigneuric, A. , Robichon, F. , & Baudouin, J. Y. (2007). The development of facial emotion recognition: The role ofconfigural information. *Journal of Experimental Child Psychology*, 97 (1), 14—27.

Ekman, P., & Cordaro, D. (2011). What ismeant by calling emotions basic. *Emotion Review*, 3(4), 364—370.

Ekman, P., Levenson, R. W., & Friesen, W. V. (1983). Autonomic nervous system activity distinguishes among emotions. *Science*, 221(4616), 1208—1210.

Elfenbein, H. A. (2014). The many faces of emotional contagion: An affective process theory of affective linkage. *Organizational Psychology Review*, 4(4), 326—362.

Ellsworth, P. C., & Scherer, K. R. (2009). Appraisal processes in e-motion. *Handbook of Affective Sciences*.

Enticott, P. G., Johnston, P. J., Herring, S. E., Hoy, K. E., & Fitzgerald, P. B. (2008). Mirror neuron activation is associated with facial emotion processing. *Neuropsychologia*, 46(11), 2851—2854.

Epstude, K., & Mussweiler, T. (2009). What you feel is how you compare: How comparisons influence the social induction of affect. *Emotion*, 9 (1), 1—14.

Evans, J. S. B. (2008). Dual-processing accounts of reasoning, judgment, and social cognition. *Annual Review of Psychology*, 59, 255—278.

Evans, J. S. B. (2015). Thinking twice: Two minds in one brain. *Gogoa*, 1213, 179—188.

Everett, J. A., Faber, N. S., & Crockett, M. (2015). Preferences and beliefs in ingroup favoritism. *Frontiers in Behavioral Neuroscience*, 9(2), 215—225.

Fichtenholtz, H. M., Hopfinger, J. B., Graham, R., Detwiler, J. M., & LaBar, K. S. (2007). Happy and fearful emotion in cues and targets modulate event-related potential indices of gaze-directed attentional orienting. *Social Cognitive and Affective Neuroscience*, 2(4), 323—333.

Fischer, A. H., Becker, D., & Veenstra, L. (2012). Emotional mimicry in social context: The case of disgust and pride. *Frontiers in Psychology*, 3 (2), 475—483.

Fischer, A. H., & Manstead, A. S. (2008). Social functions of emotion. *Handbook of Emotions*, 3, 456—468.

Fridlund, A. J., & Cacioppo, J. T. (1986). Guidelines for human electromyographic research. *Psychophysiology*, 23(5), 567—589.

Frijda, N. H. (1986). The emotions: Studies in emotion and social interaction. *Edition De La*.

Frijda, N. H. (1987). *The emotions*. Cambridge, United Kingdom: Cambridge University Press.

Gable, P., & Harmon-Jones, E. (2010). The motivational dimensional model of affect: Implications for breadth of attention, memory, and cognitive categorisation. *Cognition and Emotion*, 24(2), 322—337.

Geangu, E., Benga, O., Stahl, D., & Striano, T. (2010). Contagious crying beyond the first days of life. *Infant Behavior and Development*, 33(3), 279—288.

Gendron, M., & Barrett, L. F. (2009). Reconstructing the past: A century of ideas about emotion in psychology. *Emotion Review*, 1(4), 316—339.

Goldman, A., & De Vignemont, F. (2009). Is social cognition embodied? *Trends in Cognitive Sciences*, 13(4), 154—159.

Grandjean, D., & Scherer, K. R. (2008). Unpacking the cognitive architecture of emotion processes. *Emotion*, 8(3), 341—351.

Gross, J. J., & Feldman Barrett, L. (2011). Emotiongeneration and emotion regulation: One or two depends on your point of view. *Emotion Review*, 3(1), 8—16.

Han, X., Luo, S., & Han, S. (2016). Embodied neural responses to others' suffering. *Cognitive Neuroscience*, 7, 114—127.

Hatfield, E., Cacioppo, J. L., & Rapson, R. L. (1993). Emotional contagion. *Current Directions in Psychological Sciences*, 2(3), 96—99.

Hennenlotter, A., Dresel, C., Castrop, F., Baumann, A. O. C., Wohlschlager, A. M., & Haslinger, B. (2009). Thelink between facial feedback and neural activity within central circuitries of emotion—New insights from botulinum toxin-induced denervation of frown muscles. *Cerebral Cortex*, 19(3), 537—542.

Hess, U., & Blairy, S. (2001). Facial mimicry and emotional contagion to dynamic emotional facial expressions and their influence on decoding accuracy. *International Journal of Psychophysiology*, 40(2), 129—141.

Hess, U. , Blairy, S. , Kleck, R. E. (2000). The influence of facial emotion displays, gender, and ethnicity on judgments of dominance and affiliation. *Journal of Nonverbal Behavior*, 24(4), 265—283.

Hess, U., & Fischer, A. (2013). Emotionalmimicry as social regulation. *Personality and Social Psychology Review*, 17(2), 142—157.

Hinsz, V. B., & Tomhave, J. A. (1991). Smile and (half) the world smiles with you, frown and you frown alone. *Personality and Social Psychology Bulletin*, 17(5), 586—592.

Hofelich, A. J., & Preston, S. D. (2012). The meaning in empathy: Distinguishing conceptual encoding from facial mimicry, trait empathy, and attention to emotion. *Cognition & Emotion*, 26(1), 119—128.

Ilies, R., Wagner, D. T., & Morgeson, F. P. (2007). Explaining affective linkages in teams: Individual differences in susceptibility to contagion and individualism-collectivism. *Journal of Applied Psychology*, 92 (4), 1140—1148.

James, W. (1884). What is an emotion? *Mind*, 9(34), 188—205.

Knight, A. P., & Eisenkraft, N. (2015). Positive is usually good, negative is not always bad: The effects of group affect on social integration and task performance. *Journal of Applied Psychology*, 100(4), 1214—1227.

Korb, S., Malsert, J., Rochas, V., Rihs, T. A., Rieger, S. W., Schwab, S., ... Grandjean, D. (2015). Gender differences in the neural network of facial mimicry of smiles-An rTMS study. *Cortex*, 70, 101—114.

Kraaijenvanger, E. J. , Hofman, D. , Bos, P. A. (2017). A neuroendocrineaccount of facial mimicry and its dynamic modulation. *Neuroscience & Biobehavioral Reviews*, 77, 98—106.

Krumhuber, E. G., Kappas, A., & Manstead, A. S. (2013). Effects ofdynamic aspects of facial expressions: A review. *Emotion Review*, 5(1), 41—46.

Krumhuber, E. G., Tamarit, L., Roesch, E. B., & Scherer, K. R. (2012). FACSGen 2. 0 animation software: Generating three-dimensional FACS-valid facial expressions for emotion research. *Emotion*, 12(2), 351—363.

Lakin, J. L., & Chartrand, T. L. (2013). Behavioral mimicry as an affiliative response to social exclusion. *The Oxford handbook of social exclusion* (pp. 266—274). New York: Oxford University Press.

Lakin, J. L., Chartrand, T. L., & Arkin, R. M. (2008). I am too just like you: Nonconscious mimicry as an automatic behavioral response to social exclusion. *Psychological Science*, 19(8), 816—822.

Lawrence-Wood, E. (2011). *Trust me, this is (n't) scary! How trust affects social emotional influence in threatening situations*. Doctoral dissertation, Flinders University, Australia.

Lazarus, R. S. (1966). Psychological stress and the coping process. *Science*, 156.

Lazarus, R. S., & Alfert, E. (1964). Short-circuiting of threat by experimentally altering cognitive appraisal. *The Journal of Abnormal and Social Psychology*, 69(2), 195—205.

Le Bon, G. (1895). *The crowd: A study of the popular mind*. Sparkling Books.

LeDoux, J. E., Barrett, L. F., & Russell, J. A. (2014). *The psychological construction of emotion*. New York: Guilford Publications.

Ledoux, J. E., & Phelps, E. A. (2008). Emotionalnetworks in the brain. *The Handbook of Emotion*.

Levenson, R. W. (2014). The autonomic nervous system and emotion. *Emotion Review*, 6(2), 100—112.

Leventhal, H. (1984). A perceptual-motor theory of emotion. *Advances in Experimental Social Psychology*, 17, 117—182.

Likowski, K. U., Mühlberger, A., Gerdes, A., Wieser, M. J., Pauli, P., & Weyers, P. (2012). Facial mimicry and the mirror neuron system: Simultaneous acquisition of facial electromyography and functional magnetic resonance imaging. *Frontiers in Human Neuroscience*, 6, 214.

Lindquist, K. A., & Gendron, M. (2013). What's in a word? Language constructs emotion perception. *Emotion Review*, 5(1), 66—71.

Maclean, P. D. (1948). Psychosomatic disease and the"visceral brain": Recent developments bearing on the Papez theory of emotion. *Psychosomatic Medicine*, 11(6), 338—353.

Maclean, P. D. (1952). Some psychiatric implications of physiological studies on frontotemporal portion of limbic system (visceral brain). *Electroencephalography & Clinical Neurophysiology*, 4(4), 407—418.

Manstead, A. S., & Fischer, A. H. (2001). *Social appraisal: The social world as object of and influence on appraisal processes*. New York: Oxford University Press.

Matsumoto, D., & Hwang, H. S. (2011). Culture and emotion: The integration of biological and cultural contributions. *Journal of Cross-Cultural*

*Psychology*, 43(1), 91—118.

Matsumoto, D., & Juang, L. (2016). *Culture and psychology*. Nelson Education.

Matsumoto, D., Yoo, S. H., & Chung, J. (2010). The expression of anger across cultures. *International handbook of anger* (pp. 125—137). New York: Springer.

Molenberghs, P., Cunnington, R., & Mattingley, J. B. (2012). Brain regions with mirror properties: A meta-analysis of 125 human fMRI studies. *Neuroscience & Biobehavioral Reviews*, 36(1), 341—349.

Moors, A., Ellsworth, P. C., Scherer, K. R., & Frijda, N. H. (2013). Appraisaltheories of emotion: State of the art and future development. *Emotion Review*, 5(2), 119—124.

Mumenthaler, C., & Sander, D. (2012). Social appraisal influences recognition of emotions. *Journal of Personality and Social Psychology*, 102(6), 1118—1135.

Mumenthaler, C., & Sander, D. (2015). Automatic integration of social information in emotion recognition. *Journal of Experimental Psychology: General*, 144(2), 392—399.

Neumann, R., & Strack, F. (2000). "Mood contagion": The automatic transfer of mood between persons. *Journal of Personality and Social Psychology*, 79(2), 211—223.

Niedenthal, P. M., Mermillod, M., Maringer, M., & Hess, U. (2010). TheSimulation of Smiles (SIMS) model: Embodied simulation and the meaning of facial expression. *Behavioral and Brain Sciences*, 33(6), 417—480.

Niedenthal, P. M., Winkielman, P., Mondillon, L., & Vermeulen, N. (2009). Embodiment of emotion concepts. *Journal of Personality and Social Psychology*, 96(6), 1120—1136.

Oatley, K., & Johnson—laird, P. N. (1987). Towards a cognitive theory of emotions. Cognition and Emotion, 1(1), 29—50.

Olofsson, J. K., Nordin, S., Sequeira, H., & Polich, J. (2008). Affective picture processing: An integrative review of ERP findings. *Biological Psychology*, 77(3), 247—265.

Oosterwijk, S., Topper, M., Rotteveel, M., & Fischer, A. H. (2010). When the mind forms fear: Embodied fear knowledge potentiates bodily reactions to fearful stimuli. *Social Psychological and Personality Science*, 1(1), 65—72.

Parkinson, B. (1996). Emotions are social. *British Journal of Psychology*, 87(4), 663—683.

Parkinson, B. (2011). Interpersonal emotion transfer: Contagion and social appraisal. *Social and Personality Psychology Compass*, 5(7), 428—439.

Parkinson, B. (2012). Piecingtogether emotion: Sites and time-scales for social construction. *Emotion Review*, 4(3), 291—298.

Parkinson, B., Fischer, A. H., & Manstead, A. S. R. (2004). Emotion in social relations: Cultural, group, and interpersonal processes. *Ceskoslovenska Psychologie*, 49(4), 381—383.

Parkinson, B., Phiri, N., & Simons, G. (2012). Bursting with anxiety: Adult social referencing in an interpersonal Balloon Analogue Risk Task (BART). *Emotion*, 12(4), 817—826.

Parkinson, B. (2020). Intragroup emotion convergence: Beyond contagion and social appraisal. *Personality and Social Psychology Review*, 24(2), 121—140.

Parkinson, B., & Simons, G. (2009). Affecting others: Social appraisal and emotion contagion in everyday decision making. *Personality and Social Psychology Bulletin*, 35(8), 1071—1084.

Paulus, A., & Wentura, D. (2014). Threatening joy: Approach and avoidance reactions to emotions are influenced by the group membership of the expresser. *Cognition & Emotion*, 28(4), 656—677.

Peters, K., & Kashima, Y. (2015). Amultimodal theory of affect diffusion. *Psychological Bulletin*, 141(5), 966—992.

Phelps, E. A. (2004). Human emotion and memory: Interactions of the amygdala and hippocampal complex. *Current Opinion in Neurobiology*, 14(2), 198—202.

Prehn, K., Korn, C. W., Bajbouj, M., Klann-Delius, G., Menninghaus, W., Jacobs, A. M., & Heekeren, H. R. (2015). The neural correlates of emotion alignment in social interaction. *Social Sognitive and Affective Neuroscience*, 10(3), 435—443.

Preston, S. D., &de Waal, F. B. (2002). Empathy: Its ultimate and proximate bases. *Behavioral and Brain Sciences*, 25(1), 1—20.

Prochazkova, E. , Kret, M. E. (2017) Connecting minds and sharing emotions through mimicry: A neurocognitive model of emotional contagion. *Neuroscience & Biobehavioral Reviews*, 80,99—114.

Rizzolatti, G., & Craighero, L. (2004). The mirror-neuron system. *An-*

*nual Review of Neuroscience*, 27, 169—192.

Roseman, I. J. (1984). Cognitive determinants of emotion: A structural theory. *Personality & Social Psychology Review*, 5, 11—36.

Rueff-Lopes, R., Navarro, J., Caetano, A., & Silva, A. J. (2015). Amarkov chain analysis of emotional exchange in voice-to-voice communication: Testing for the mimicry hypothesis of emotional contagion. *Human Communication Research*, 41(3), 412—434.

Sato, W., Fujimura, T., Kochiyama, T., & Suzuki, N. (2013). Relationships among facial mimicry, emotional experience, and emotion recognition. *Plos One*, 8(3).

Scherer, K. R. (2001). Appraisal considered as a process of multilevel sequential checking. *Appraisal processes in emotion: Theory, methods, research* (pp. 92—120). New York: Oxford University Press.

Scherer, K. R. (2009). The dynamic architecture of emotion: Evidence for the component process model. *Cognition & Emotion*, 23(7), 1307—1351.

Scherer, K. R., & Ekman, P. (1984). On the nature and function of emotion: A component process approach. *Approaches to emotion* (pp. 293—317). New York: Psychology Press.

Scherer, K. R., & Wallbott, H. G. (1994). Evidence for universality and cultural variation of differential emotion response patterning. *Journal of Personality and Social Psychology*, 66(2), 310—328.

Schilbach, L., Eickhoff, S. B., Mojzisch, A., & Vogeley, K. (2008). What's in a smile? Neural correlates of facial embodiment during social interaction. *Social Neuroscience*, 3(1), 37—50.

Schubert, T. W., & Otten, S. (2002). Overlap of self, ingroup, and outgroup: Pictorial measures of self-categorization. *Self and Identity*, 1(4), 353—376.

Shah, J. Y., Kruglanski, A. W., & Thompson, E. P. (1998). Membership has its (epistemic) rewards: Need for closure effects on in-group bias. *Journal of Personality & Social Psychology*, 75(2), 383—393.

Sherif, M. (1957). Experiments in group conflict. *Nature*, 179, 84—85.

Smith, C. A., & Ellsworth, P. C. (1985). Patterns of cognitive appraisal in emotion. *Journal of Personality & Social Psychology*, 48(4), 813—838.

Sorce, J., Emde, R., Campos, J., & Klinnert, M. (1985). Maternal emotionalsignaling: Its effect on the visual cliff behavior of 1—year—olds. *De-*

*velopmental Psychology*, 21(1), 195—200.

Soussignan, R., Schaal, B., Boulanger, V., Garcia, S., & Jiang, T. (2015). Emotional communication in the context of joint attention for food stimuli: Effects on attentional and affective processing. *Biological Psychology*, 104, 173—183.

Steinel, W., van Kleef, G. A., & Harinck, F. (2008). Are you talking to me? Separating the people from the problem when expressing emotions in negotiation. *Journal of Experimental Social Psychology*, 44(2), 362—369.

Strack, F., Martin, L. L., & Stepper, S. (1988). Inhibiting and facilitating conditions of the human smile: A nonobtrusive test of the facial feedback hypothesis. *Journal of Personality and Social Psychology*, 54(5), 768—777.

Summer, W. G. (1906). Folkways: A study of the sociological importance of usage, manners, customs, mores, and morals. Boston, MA: Gin and Company.

Tajfel, H. (1982). Socialpsychology of intergroup relations. *Annual Review of Psychology*, 33(1), 1—39.

Tajfel, H. (2010). *Social identity and intergroup relations*. Cambridge, United Kingdom: Cambridge University Press.

Tooby, J., & Cosmides, L. (2008). Evolutionarypsychology and the emotions and their relationship to internal regulatory variables. *Handbook of Emotions* (pp. 114—137). New York: Guilford Press.

Tottenham, N., Tanaka, J. W., Leon, A. C., McCarry, T., Nurse, M., Hare, T. A., ...Nelson, C. (2009). The NimStim set of facial expressions: Judgments from untrained research participants. *Psychiatry Research*, 168 (3), 242—249.

Tracy, J. L. (2014). Anevolutionary approach to understanding distinct emotions. *Emotion Review*, 6(4), 308—312.

van der Schalk, J., Fischer, A., Doosje, B., Wigboldus, D., Hawk, S., Rotteveel, M., & Hess, U. (2011). Convergent anddivergent responses to emotional displays of ingroup and outgroup. *Emotion*, 11(2), 286—298.

van der Schalk, J., Kuppens, T., Bruder, M., & Manstead, A. S. (2015). The social power of regret: The effect of social appraisal and anticipated emotions on fair and unfair allocations in resource dilemmas. *Journal of Experimental Psychology: General*, 144(1), 151—157.

van Kleef, G. A. (2009). How emotions regulate social life: The Emotions As Social Information (EASI) model. *Current Directions in Psychologi-*

*cal Science*, 18(3), 184—188.

　　van Kleef, G. A. (2016). *The interpersonal dynamics of emotion*. Cambridge, United Kingdom: Cambridge University Press.

　　van Kleef, G. A., De Dreu, C. K. W., & Manstead, A. S. R. (2004). Theinterpersonal effects of emotions in negotiations: A motivated information processing approach. *Journal of Personality and Social Psychology*, 87(4), 510—528.

　　van Kleef, G. A., de Dreu, C. K. W., & Manstead, A. S. R. (2010). An interpersonal approach to emotion in social decision making: The emotions as social information model. *Advances in Experimental Social Psychology*, 42, 45—96.

　　van Overwalle, F., & Baetens, K. (2009). Understanding others' actions and goals by mirror and mentalizing systems: A meta-analysis. *Neuroimage*, 48(3), 564—584.

　　Wager, T. D., Barrett, L. F., Blissmoreau, E., Lindquist, K. A., Duncan, S., Kober, H., ...Mize, J. (2008). The neuroimaging of emotion. *Handbook of Emotion* (pp: 249—271). New York: Guilford Press.

　　Wang, Y., & Hamilton, A. F. D. (2012). Socialtop-down response modulation (STORM): A model of the control of mimicry in social interaction. *Frontiers in Human Neuroscience*, 6, 153—162.

　　Waters, S. F. , West, T. V. , & Mendes, W. B. (2014). Stress contagion: Physiological covariation between mothers and infants. *PsychologicalScience*, 25(4), 934—942.

　　Wei, M., Su, J. C., Carrera, S., Lin, S. -P., & Yi, F. (2013). Suppression and interpersonal harmony: A cross-cultural comparison between Chinese and European Americans. *Journal of Counseling Psychology*, 60(4), 625—633.

　　Weisbuch, M., & Ambady, N. (2008). Affective divergence: Automatic responses to others' emotions depend on group membership. *Journal of Personality and Social Psychology*, 95(5), 1063—1079.

　　Weyers, P., Mühlberger, A., Hefele, C., & Pauli, P. (2006). Electromyographic responses to static and dynamic avatar emotional facial expressions. *Psychophysiology*, 43(5), 450—453.

　　Wilcox, B. M. (1969). Visual preferences of human infants for representations of the human face. *Journal of Experimental Child Psychology*, 7 (1), 10—20.

　　Winkielman, P., Berridge, K. C., & Wilbarger, J. L. (2005). Unconscious affective reactions to masked happy versus angry faces influence consumption behavior and judgments of value. *Personality and Social Psychology Bulletin*, 31(1), 121—135.

Winkielman, P., Niedenthal, P., Wielgosz, J., Eelen, J., & Kavanagh, L. C. (2015). Embodiment of cognition and emotion. *APA Handbook of Personality and Social Psychology*: Vol. 1. *Attitudes and Social Cognition* (pp. 151—175). Washington, DC: American Psychological Association.

Yehuda, R., LeDoux, J. (2007). Response variation following trauma: A translational neuroscience approach to understanding PTSD. *Neuron*, 56(1), 19—32.

# 附　　录

## 附录一　OSIO 问卷

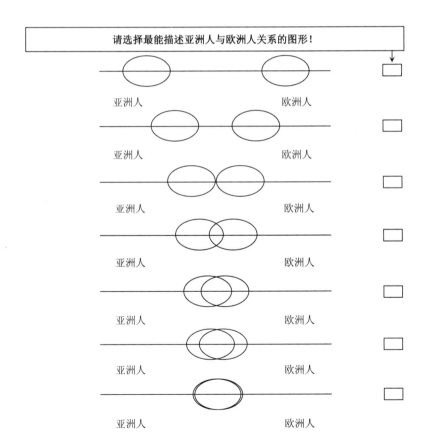

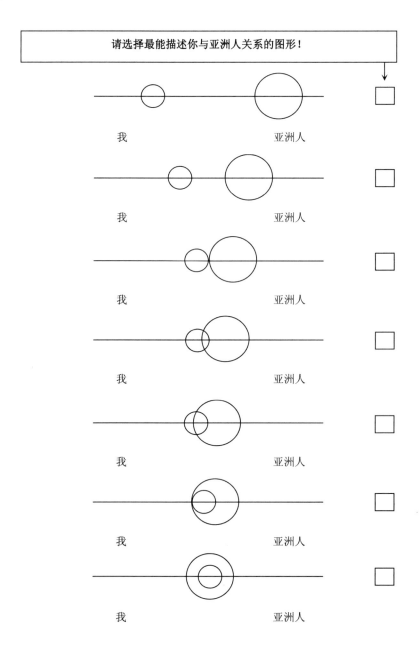

请选择最能描述你与欧洲人关系的图形！

我　　　　　　　　　　欧洲人

我　　　　　　　　　　欧洲人

我　　　　　　　　　　欧洲人

我　　　　　　　　　　欧洲人

我　　　　　　　　　　欧洲人

我　　　　　　　　　　欧洲人

我　　　　　　　　　　欧洲人

# 附录二　情绪感染量表

　　下面是测试不同情绪中情绪和行为变化的量表，请你认真阅读每道题，然后根据自己的实际情况从后面的 5 个选项中选择一个最合适的答案并在其中打√，1＝完全不符合，2＝比较不符合，3＝有时符合，4＝比较符合，5＝完全符合。

　　1. 和我一起说话的人如果伤心地哭了，我也会感到难过，眼睛湿润；

　　2. 在我情绪低落的时候，和快乐的人在一起会让我的心情好起来；

　　3. 别人对我热情地微笑，我能感受到温情并还以微笑；

　　4. 当人们谈到他们亲人离开人世的事情时，我也会感到难过；

　　5. 注视爱人的眼睛时，我能体会到特别的浪漫；

　　6. 在愤怒的人群旁边，我会感到焦躁不安；

　　7. 看到新闻里受害人惊恐的表情我也会感到有些惊慌；

　　8. 当爱人拥抱我的时候，我会感到陶醉；

　　9. 不经意听到别人愤怒的争吵，我会变得有些紧张；

　　10. 和快乐的人在一起，我也会感到快乐；

　　11. 当爱人接触我的时候，我的身体会有积极的反应；

　　12. 当周围的人特别紧张的时候，我也会变得紧张起来；

　　13. 伤感的电影剧情会让我伤心流泪。

# 附录三　tDCS 实验被试知情同意书

## tDCS 实验被试知情同意书
### （Research Consent Form for tDCS experiment）

| 姓名<br>NAME | | 性别<br>GENDER | | 出生日期<br>DATE OF BIRTH | *YYYY/MM/DD* |
|---|---|---|---|---|---|
| 国籍<br>NATIONALITY | | 身份证号<br>ID | | | |

---

**研究目的**（Purpose）

本研究通过考察 tDCS 对右侧 M1 脑区活动的调节,以探讨右侧 M1 在简单按键中的作用。（This research focus on the effect of tDCS,which can facilitate or inhibit neural activity of right M1 while engaging in simple touching task,according the performance in touching phase,we can tell the specific effects of tDCS on right M1.）

---

**实验程序**（Procedure）

被试需要接受 tDCS 刺激完成简单按键任务。（The experiment would doing finger task with tDCS stimulation.）

tDCS 参数设定:电流强度:1.5 mA;刺激持续时间:1200 s;电流攀升时间:15 s;电流下降时间:15 s。（tDCS parameter:current:1.5 mA;duration:1200 s;fade in:15 s;fade down:15 s.）

---

**潜在危险和副作用**（Risks and Discomforts）

tDCS 全称经颅直流电刺激（tanscranial direct current stimulation）,是一种通过对头部施加微弱直流电调节大脑活动的无创刺激手段。本研究中采用的电流极其微弱,不会造成任何的组织损伤。动物实验表明,当刺激电流密度大于 1429 mA/cm$^2$ 时才会产生脑组织病变,而本实验的刺激电流密度低于 0.08 mA/cm$^2$。同时,应用于人类被试的电流刺激脑区的安全性研究发现,在放电量达到 216 C/cm$^2$ 的情况下,才侦测到组织损伤,但 tDCS 即使采用 2mA 的电流刺激 20 分钟,产生的放电总量也只有 0.09 C/cm$^2$,这是大大低于安全标准值的(小于其千分之一)。近年来,国际上已经使用 tDCS 进行超过两千例的实验, 除了电极

（续表）

皮肤接触点的轻微痒痛感以及在极少数被试身上报告的头痛头晕反应之外,没有任何损伤性的副作用报告。（TDCS, abbreviation for tanscranial direct current stimulation, is a noninvasive stimulating method by slight current delivered through the scalp. Current density applied in this research is mild enough that no tissue damage is expected. Available animal researches revealed that the brain tissue would notbe injured unless currentdensity was over 1429 mA/cm$^2$, while current density in this experiment is less than 0. 08 mA/cm$^2$ used. Additionally, safety control researches on human participants also showed that a discharge volume of 216 C/cm$^2$ in total was required to bring about tissue damage. DC stimulating for 20 minutes at intensity of 2mA can provide discharge volume of 0. 09 C/cm2 at most, that's much lower than the safety limits. In more than 2,000 cases of applying tDCS in scientifically research till now, despite feeling of mild tingling or itching, no adverse sensations, phosphenes, or analogous effects during or after stimulation are reported.）

对于使用电流刺激大脑的安全疑虑主要集中在皮肤灼伤和引发癫痫两个方面。目前的研究显示,将直流电控制在 1—2 mA,电极片面积在 25—35 cm$^2$ 之间（Nitsche 和 Paulus, 2000,2001; Nitsche et al., 2003, 2004; lyer et al., 2005）,都在非常安全的范围内。大脑电刺激引发癫痫通常发生于有大脑疾病、正在使用某些精神病类药物或酗酒的人身上,因此被试选择时,我们会排除有神经或精神疾病、有癫痫发作史或家族史、正在服用精神疾病类药物以及酗酒的人群。（The safety worries of stimulation on brain by current always focus on skin burns and epilepsy seizure. Researches revealed that it really safe using 1—2 mA current and electrode size between 25 cm$^2$ and 35 cm$^2$. (Nitsche 和 Paulus, 2000, 2001; Nitsche et al., 2003, 2004; lyer et al., 2005) Epilepsy always be induced by tDCS on the persons under brain diseases, taking psychotropic substances or alcoholism. So we will exclude those subjects who is neuropathic or psychiatricdisordert, have epilepsy or family history of epilepsy, under treatment of mental illness or alcoholism.）

剧烈运动等其他原因导致的电极滑落或移位可能会导致电压增大,这会带来不舒适感。为防止这一现象发生,请在电流刺激过程中尽量保持静止。如果实验过程中有任何不舒服的感觉,请告诉实验主试。同时,您可以在实验的任何时候无需任何理由终止实验。（Electrode glide or translocation, caused by significant motion or other reasons, would magnify voltage, and you may feel unpleasant in that case. Please try to keep motionless to avoid the unpleasant. If you feel uncomfortable, you should notify the experimenter. You are free to stop the study at any point if for any reason you do not wish tocontinue.）

（续表）

费用（Costs）

本研究不会向您或您的医疗保险收取任何费用。（No charges will be billed to your insurance company or to you for this study.）

受益（Benefits）

虽然您的参与对您本人并不带来直接的利益,但您的参与对于研究人类大脑的活动机制有着重要意义。（There will be no direct benefit for you for participating in this study, but your participation is very important on investigating human brain function.）

隐私（Confidentiality）

本研究的结果可能会在学术期刊/书籍上发表,或者用于教学。但是您的名字或者其他可以确认您的信息将不会在任何发表或教学的材料中出现,除非得到您的允许。另外,在本研究过程中取得的能够确认您身份的照片、录音或者录像,都将在得到您的书面允许之后才会使用。（The results of this study may be published in an academic journal/book or used for teaching purposes. However, your name or other identifiers will not be used in any publication or teaching materials without your specific permission. In addition, if photographs, audio tapes or videotapes were taken during the study that would identify you, then you must give special written permission for their use.）

受伤声明（Injury Statement）

如果您由于本研究的直接导致的原因受伤,您应当与主要研究者取得联系,并且您将得到必要的治疗。但是,这个治疗并不表明是本实验室或者主试的过失导致您的受伤。本实验室或者主试也不将提供其他补偿。（If you are injured during the course of the study and as a direct result of this study, you should contact the investigator at the number provided. You will be offered the necessary care to treat that injury. This care does not imply any fault or wrong-doing on the part of the lab or the experimenter(s) involved. The lab or the experimenter(s) will not provide you with any additional compensation for such injuries.）

被试检查 （checklist）

你是否（Have/Had you）

是（Yes）否（No）如果是,请解释 （If Yes, please explain）

□□曾经动过手术? Surgery

□□处于怀孕或哺乳期? Being Pregnancy or Breast Feeding

□□曾中风/昏厥过? Stroke/Seizure

□□身体内有金属性植入物? metal implanted

□□曾有癫痫发作或癫痫家族病史? epilepsy or family history of epilepsy

□□接受精神疾病治疗或药物干预? under treatment of mental illness

**被试声明(subject)**

我声明我已经被告知本研究的目的、过程、可能的危险和副作用以及潜在的获益和费用。我的所有问题都得到满意的回答。我已经详细阅读了本被试同意书。我下面的签名表明我愿意参加本研究。(I confirm that the purpose of the research, the study procedures and the possible risks and discomforts as well as potential benefits that I may experience have been explained to me. All my questions have been satisfactorily answered. I have read this consent form. My signature below indicates my willingness to participate in this study)

签名(Signature):　　　　　　　　日期(Date):

**主试声明(Experimenter)**

我已经解释了研究的目的,研究的程序,潜在的危险和不舒适以及被试的权益,并尽最大可能回答了与研究有关的问题(I have explained the purpose of the research, the study procedures, identifying those that are investigational, the possible risks and discomforts as well as potential benefits and have answered any questions regarding the study to the best of my ability)

签名(Signature):　　　　　　　　日期(Date):

**图书在版编目（CIP）数据**

情绪感染的内在机制:情绪模仿与社会评价的整合/邓欢著.
—上海:上海三联书店,2022.

ISBN 978－7－5426－7662－7

Ⅰ.①情…　Ⅱ.①邓…　Ⅲ.①情绪—影响—社会评价—
研究　Ⅳ.①B842.6②C915

中国版本图书馆 CIP 数据核字(2022)第 017865 号

# 情绪感染的内在机制
## ——情绪模仿与社会评价的整合

著　　者　邓　欢

责任编辑　钱震华
装帧设计　陈益平

出版发行　上海三联书店
　　　　　中国上海市漕溪北路 331 号
印　　刷　上海昌鑫龙印务有限公司

版　　次　2022 年 9 月第 1 版
印　　次　2022 年 9 月第 1 次印刷
开　　本　700×1000　1/16
字　　数　120 千字
印　　张　11.75
书　　号　ISBN 978－7－5426－7662－7/B·766
定　　价　68.00 元